Joseph Bleile - Bader und Wasserdoktor aus Staufen

Joseph Bleile

Bader und Wasserdoktor aus Staufen

Herausgegeben von Uli Haug

Verlag Tobias Dannheimer Kempten

Bibliografische Information der Deutschen Nationalbibliothek:
Die Deutsche Bibliothek verzeichnet diese Publikation in der Deutschen Nationalbibliografie; Detaillierte bibliografische Daten sind im Internet über <http://dnb.d-nb.de> abrufbar.

© Text und Fotos: Uli Haug
© Verlag Tobias Dannheimer Kempten
ISBN 978-3-88881-082-4
1. Auflage 2017
Alle Rechte vorbehalten, auch die des auszugsweisen Nachdrucks und der fotomechanischen Wiedergabe.

www.edele.de

Herstellung: AZ Druck und Datentechnik GmbH, Kempten
Gedruckt auf chlorfrei gebleichtem Papier
Die Einschrumpffolie (zum Schutz vor Verschmutzung) ist aus umweltschonender und recyclingfähiger PE-Folie.

Inhaltsverzeichnis

Erster Teil
Die Entdeckung von Joseph Bleile durch Fritz Haug

Zur Entstehungsgeschichte des Buches	6
Danksagung	8
Fritz Haug - Leben und Wirken	9
Staufner Bader und Chirurgen im 18. Jahrhundert	12
Kurze Lebensgeschichte des Joseph Bleile	18

Zweiter Teil
Das Leben des Josef Bleile als historischer Roman
von Fritz Haug   22

Gründung der Kaltwasserheilanstalt Thalkirchen
und der Eintritt Thalkirchens in die
Medizingeschichte Münchens   146

Zur Entstehungsgeschichte des Buches

Der schön gelegene heilklimatische Kurort Oberstaufen im malerischen Oberallgäu ist weit über die Grenzen Bayerns hinaus für seine Original Oberstaufener Schrothkur bekannt.

Im Jahre 1949 führte der Kurarzt Dr. med. Hermann Brosig hier die Schrothsche Heilkur ein. Mit der Verleihung des Prädikats „Schrothkurort" 1959 wurde Oberstaufen offiziell als einziger Schrothkurort der Bundesrepublik anerkannt. 1969 erfolgte die Anerkennung Oberstaufens als Heilklimatischer Kurort. Bei der offiziellen Verleihung des Titels "Einziger Schrothkurort Deutschlands" 1992 mit Politikern, Ärzten und hochrangigen Gästen nahm auch der damalige Kurdirektor Fritz Haug am Festakt teil. Ganz beiläufig wurde er vom ebenfalls anwesenden Professor Dr. Hans-Dieter Hentschel von der TU München gefragt, ob er denn wüsste, dass die heutige Internistische Klinik Dr. Müller in Thalkirchen von einem Wasserdoktor „Namens Joseph Bleile"um 1844 herum gegründet wurde und dieser angeblich gebürtiger Oberstaufener sei.

Fritz Haug zeigte sich sehr interessiert und wollte mehr über diesen heilkundigen Staufener Bürger wissen. Und schon bald war die Idee zu diesem Buch geboren. Trotzdem sollte es noch weitere 25 Jahre dauern, bis es zur Veröffentlichung der Geschichte über den berühmten Wasserdoktor kam.

Fritz Haug recherchierte unermüdlich alles, was er über Joseph Bleile finden konnte. Fast 10 Jahre lang durchforstete er Archive nach alten Urkunden, die Hinweise auf Joseph Bleile lieferten, studierte Briefwechsel vom Wasserdoktor oder dessen Patienten mit König Maximilian von Bayern und besuchte die Stätte des Wirkens von Joseph Bleile. Er studierte Stammbäume und durchforstete Gemeinde- und Kirchenarchive sowie Bibliotheken auf der Suche nach alten Zeichnungen, Plänen, Bildern und Unterlagen, die Informationen und Wissenswertes über Joseph Bleile enthielten.

Daraus formulierte er keine wissenschaftliche Arbeit oder biographische Abhandlung, sondern schrieb einen leicht lesbaren und zugleich informativen Roman, um seinen Lesern diese spannende Lebensgeschichte anschaulich zu schildern.

Kurz nachdem er die letzten Zeilen des Manuskripts für dieses Buch auf Fuerteventura geschrieben hatte, verstarb Fritz Haug plötzlich und unerwartet während seines Urlaubs dort am 11.05.2003.

Es sollten weitere neun Jahre vergehen, bis durch eine glückliche Fügung dessen Sohn Uli Haug auf das Manuskript stieß und dieses nun endlich zur Veröffentlichung bringen wollte. Da er einen regional ansässigen Verlag suchte, stieß er auf den Verlag Tobias Dannheimer in Kempten, der im 18. Jahrhundert auch viele Bücher von berühmten Ärzten wie Kneipp, Prießnitz und anderen Heilkundigen der damaligen Zeit druckte, finanzierte und verlegte. So schließt sich der Kreis, denn auch die originale Doktorarbeit „Geschichte der Wasserheilkunde" von Joseph Bleile, Wasserdoktor aus Staufen, wurde 1852 im Verlag Tobias Dannheimer gedruckt.

Sämtliche Kopien des Schriftverkehrs zwischen König Maximilian von Bayern und Joseph Bleile erhält das Gemeindearchiv Oberstaufen.

Somit wird nun zur anstehenden 1150-Jahrfeier des Marktes Oberstaufen im Jahre 2018 der letzte Wille und Wunsch von Fritz Haug erfüllt.

Uli Haug im September 2017

Danksagung

Einen herzlichen Dank an Silvia Müller, Geschäftsführerin der Internistischen Klinik Dr. Müller in Thalkirchen für die Überlassung der Bilder und der Broschüre aus der Gründerzeit, den herzlichen Empfang und der damit verbundenen Arbeit.

Martin Beckel, 1. Bürgermeister von Oberstaufen für die tolle Unterstützung und Hilfe.

Niclas Hippmann, Life Art Fotografie Sonthofen, für das Titelbild.

Roswitha Hubai, für die liebevolle Digitalisierung des Manuskripts.

Frank Edele für die angenehme Zusammenarbeit, Mühe und Unterstützung.

Friedrich Karl Haug – Leben und Wirken

Friedrich Karl („Fritz") Haug wurde am 14. September 1936 in Lindau am Bodensee geboren und wuchs in gutbürgerlichen Verhältnissen in den Wirren des zweiten Weltkrieges auf. Während in der Nachkriegszeit französische und amerikanische Soldaten in seinem Elternhaus einquartiert wurden, lernte er früh deren Sprachen. Schon bald nutzte er diese Begabung, um als Übersetzer seine Familie mit Lebensmitteln und Zigaretten zu versorgen. Im Laufe seines Lebens erlernte er noch Spanisch, Italienisch, Russisch, Holländisch und Chinesisch. Seine künstlerische und kreative Ader entdeckte er ebenfalls in jungen Jahren. Auch zeigte er großes Interesse an fremden Kulturen und beschäftigte sich mit Ahnenforschung, Geschichte und Persönlichkeiten aus aller Welt.

Nach seinem Maturaabschluss in Bregenz (A) folgte im Alter von 17 Jahren eine Ausbildung zum Fremdenverkehrsfachmann im Verkehrsamt Lindau/Bodensee in den Jahren 1953 bis 1956.

Bei der Nobelpreisträgertagung in Lindau 1954 lernte er den berühmten Physiker und Mathematiker Albert Einstein kennen und begleitete ihn täglich zu den Veranstaltungen. Auch anschließend hielt der Kontakt zu Albert Einstein noch bis zu dessen Tod an.

Im Oktober 1962 zog Fritz Haug mit Ehefrau Margot, Tochter Eva und Sohn Ulrich in das damals noch sehr beschauliche Oberstaufen um seinen Dienst als Verkehrsamtsleiter anzutreten. Nach der Gebietsreform 1972 wurde er zum Kurdirektor des Ortes ernannt.

Bei seinem Amtsantritt 1962 lag Oberstaufen noch ganz am Beginn seiner Entwicklung zum Schrothkurort. Es gab noch keine ausreichende Infrastruktur, kein professionelles Marketing, der Bekanntheitsgrad war gering und es fehlte an einer nationalen oder internationalen Auszeichnung.

Viele uns heute selbstverständliche Einrichtungen für die Gemeinde und den Tourismus in Oberstaufen mussten erst noch geschaffen werden. Hierfür war Fritz Haug der Ideengeber und Motor. So setzte er sich im Jahre 1969 mit viel Engagement für den umstrittenen Bau des Kurhauses ein. Durch seine inzwischen hervorragenden Beziehungen zu Persönlichkeiten bei Radio, Presse und Fernsehen konnte er den Bekanntheitsgrad Oberstaufens steigern und die Aufmerksamkeit für die dort einmalige Schrothkur erhöhen.

Durch seine Weltoffenheit und Neugierde auf alles Neue bedingt wurde Fritz Haug 1980 vom Reiseanbieter „Touropa" und der Chinesischen Regierung als einer der ersten Europäer und als anerkannter Experte für Tourismus eingeladen, das Chinesische Reich zu bereisen, um dabei zu helfen, dieses riesige Land auf den internationalen Tourismus vorzubereiten.

Mit China und Tibet verband ihn bis zu seinem Tod eine ganz enge und innige Beziehung. So unterstützte er Zeit seines Lebens tibetische Mönche, deren Leben und Wirken er bewunderte und mit deren Weisheiten und Lehren er sich intensiv befasste.

Zahlreiche Foto- und Filmdokumentationen von diesen Reisen und die Veröffentlichung eines Reiseberichtes und einer Bilderreihe in der Zeitschrift GEO waren das Resultat.

Als Wegbegleiter und Initiator der Gemeinde war er stets bemüht, den Bekanntheitsgrad des Ortes als Schroth-Heilbad zu sichern und auszubauen. Sicherlich war der 5. Oktober 1991 – als Oberstaufen die höchste deutsche Stufe der Kurortklassifikation anerkannt wurde - einer der Höhepunkte in seinem Wirken als Kurdirektor.

Für seine Verdienste um die Gesundheits- und Ferienregion Oberstaufen wurde ihm am 22.04.2002 aus den Händen des damaligen bayerischen Landwirtschaftsministers Josef Miller das Bundesverdienstkreuz am Bande verliehen.

Fritz Haug am Grab von Joseph Bleile in Thalkirchen

Staufner Bader und Chirurgen im 18. Jahrhundert

Bader, auch Stübner genannt, ist eine alte Berufsbezeichnung für den Betreiber einer Badestube. Der Beruf ist seit dem Mittelalter bekannt. Einerseits waren Bader die „Ärzte der kleinen Leute", die sich keinen Rat bei den studierten Ärzten leisten konnten. Andererseits waren sie aber bis ins 18. Jahrhundert wichtige Gehilfen der akademisch gebildeten Ärzteschaft, weil diese die Behandlung von Verletzungen und offenen Wunden sowie chirurgische Eingriffe scheuten. Sie übten einen hoch geachteten, obgleich von der Wissenschaft nicht akkreditierten Heilberuf aus. Er umfasste das Badewesen, die Körperpflege, die Kosmetik und Teilgebiete der sich erst entwickelnden Chirurgie, Zahnmedizin und Augenheilkunde. Neben dem Bader arbeitete im Badehaus oft ein Scherer oder Barbier, der für das Haareschneiden und Bartscheren zuständig war. Aus diesen Berufen entwickelte sich der Handwerkschirurg, später Wundarzt genannt. (Quelle: Wikipedia)

Man muss an so manche Anekdote vom Bader denken, in dessen Hände sich von Zahnschmerzen geplagte Bauern und Bürger vertrauensvoll begeben haben.

Der Bader wurde sprichwörtlich zum Abbild des „Doktor Eisenbarth", der gar kein „Doktor" und kein akademisch gebildeter Arzt gewesen ist, sondern als Kurpfuscher mit allerlei Mixturen durch die deutschen Lande zog und mit seiner Methode „kuriert die Leut auf seine Art" Erfolg hatte. Dieser Johann Andreas Eisenbarth lebte von 1663 – 1724 in Oberviechtach.

Im Gebiet Oberstaufen wurde zum Ende des 18. Jahrhunderts der „Staufner Chyrurg" Johann Nepomuk Lau als Vertreter dieses Berufsstands sehr bekannt.

Dass auch im Herrschaftsgebiet der Reichsgrafschaft Königsegg-Rothenfels und Herrschaft Staufen eine Prüfung Voraussetzung zur Ausübung des Wundarztgewerbes gewesen ist und vor der herrschaftlichen Zulassung die Ablegung eines Berufseides erforderlich war, geht aus einem am 9. Januar 1804 von der reichsgräflichen Vogteyamtskanzlei auf dem Schloss zu Staufen aufgenommen Verhörprotokoll hervor.

Es lautet: (Originaltext)

„Fiedel Hauber von Weißach gegen Jackob Stauder von Kalzhofen und dessen Eheweib auf Zahlung des rückständigen Miethzinsrestes für Eheweib des Beklagten und für abgegebenes Holz in Summa 16 fl.

Beklagtem ist die Schuld bekanntlich, klagt aber gegen den Hauber auf Schmerzensgeld, an Kösten und Statisfaction auf die seiner Ehefrau von des Klägers Eheweib zugefügte real und verbalinjurien. Dieselbe haben nämlich sein Weib aus ganz nichtigen Ursachen sehr mißhandelt, mit einem benemmenden Spründel ins Gesicht geschlagen, sodaß ihr Aug sehr gelitten und sie ungemeine Schmerzen erdulden müssen durch welche sie gar Gefahr ein Krüppel zu werden ausgesetzt gewesen und ihm sehr viele Unkösten verursacht habe. Auch wäre Hauber so unbarmherzig gewesen, nicht einmal einen Wundarzt zu Hilfe zu rufen, welches erst ein paar Tagen auf inständiges Bitten der Leidenden durch die Nachbarin Juliana Schwärzlerin, welche die Kranke besucht, geschehen seye.

Kläger und Wiederbeklagter läugnet keineswegs die zwischen ihren Weibern vorgegangenen Thätlichkeiten, behauptet aber, daß dieselbe keineswegs so bedeutend und gefährlich gewesen, als nun Stauder sie geschildert habe und beruft sich hiernfalls auf das Zeugniß des hiesigen Chyrurgens Nepomuk Lau, welchen er hierüber zu vernehmen bitte.

Dieser wurde nun sogleich zur Kanzley vorgerufen und aufgefordert, nach seiner Einsicht und seinen aufhabenden Pflichten und abgelegtem Eid gemäß unparteiisch sein Gutachten nach den Erscheinungen und dabey gefundenen Umständen abzugeben.

Der Chyrurgus Lau reponiert demnach, daß als er zu der Stauderin in Weißach, eben dieser Mißhandelten gekommen seye, vorgefunden habe, daß sie zwar über dem linken Auge eine leichte Contusion und im Gesichte einen rothen Fleck bekommen, welcher von einer benommen Spründl herreichen konnte und ihr einige Schmerzen verursacht haben müßte, üb-

rigens aber nicht von der geringsten Gefahr für das Aug noch für einen anderen Theil gewesen seye.

Die ihr verordneten Medicamenten habe er für Zufällen welche mit diesen ganz und gar keiner Verbindung gestanden, gegeben indem diese leichten Verwundungen bereits schon wieder selbst völlig geheilt und beynahe schon Narben gewesen seyen.

Resolution:
Solle Beklagter Stauder dem Fiedel Hauber 11 fl zu bezahlen, die übrigen 5 fl hingegen als Schmerzensgeld für sein Weib zurückzubehalten haben"

Ein weiteres Zeugnis des Wirkens von Nepomuk Lau ist an anderer Stelle dokumentiert:
Anno 1806 begab sich der gräfliche Braumeister des Schlosses Staufen, Michel Kerker, in die Behandlung durch den Chirurgen Lau. In einem Brief vom 28. Juni 1806 berichtete er:

„...daß „Gott und Chyrurgy Hilf von Herrn Lau machen mit mir Tägliche Hilf, so, daß ich meinen Dienst wiederum vorstehen kann mit der Feder. Nun habe ich die Medicamenten bereits am Ende und die Vorschrift vom Lau ist; Täglich ein Guttes Geeichtes altes Glas Wein zu trinken".

Der Chyrurgus Lau verordnete also dem Bräumeister Wein statt Bier!
Wie aus einem Bürger-Militär-Almanach für das Königreich Bayern aus dem Jahre 1810 zu ersehen ist, wurde im Markt Staufen eine Füsilierkompagnie der National-Garde erstellt. Unter den Chargen wurde Johann Nepomuk Lau von Staufen als Chirurg aufgeführt.
Als der Immenstädter Landgerichtsarzt Dr. Geiger im Jahre 1814 seine "Physisch-Medizinische Topographie des kgl. Baier. Landgerichtsbezirkes Immenstadt" im Oberdonaukreis verfasst hatte, konnte diese aber wegen mangelnder Finanzierung erst im Jahre 1819 im Dannheimerschen Verlag in Kempten im Druck erscheinen. Der bildungsbeflissene und fortschrittliche Staufner Bürger Johann Nepomuk Lau, Chirurg

in Staufen, zählte zu den Subskribenten, die den Druck des Buches schließlich ermöglichten.

Im Abschnitt "Medizinal-Verfassung und Bestellung des Bezirkes" schreibt Dr. Geiger in seinem Buch:

"Der ganze Gerichtsbezirk besteht aus einem Land-Phisikate, dessen Vorstand der Gerichts-Arzt ist, der ist in 4 Landärztliche und in 14 Hebammen-Distrikte eingeteilt. Doch sind zur Zeit die landärztlichen Distrikte noch nicht besetzt und werden unter Einschränkungen und Aufsicht des Gerichtsarztes von den Chirurgen verwaltet, da wegen Beschaffenheit des Landes, wo die Gegenwart des Gerichtsarztes oft unmöglich ist und ein Landarzt wegen dem schlechten Erträgniß kaum seine kärgliche Subsistenz sichern kann, es den Chirugen nach einem höchsten Rescripte des königl. General-Commissariates des Illerkreises gestattet wurde, innerliche Kranke in Behandlung aufzunehmen, mit der Bedingniß, ihre nach Maßgab tägliche oder wöchentliche Referate an den Gerichts-Arzt zu erstatten und seiner Anordnung sich streng zu unterziehen".

Es scheint aber, dass sich in Stiefenhofen schon ein Landarzt niedergelassen hatte, denn zu den Subskribenten des Dr. Geiger'schen Buches zählte auch „Doktor Tronsberg in Stiefenhofen"

Johann Nepomuk Lau wurde erstmals urkundlich erwähnt, als er am 11. Oktober 1792 das Bürgerhaus No. 52 im Marktflecken von Johann Jakob Wurm erworben hatte.

Über seine Herkunft gibt es keine Aufzeichnungen.

Nach dem Jahre 1806, als Staufen bayrisch geworden war, wurde aus Laus Bürgerhaus das „Wirtshaus zum Kaffeewirt", später dann der „Gasthof Post ". Heute steht an dieser Stelle in der Bahnhofstraße/Ecke Bahnhofsplatz ein neu erbautes Geschäftshaus.

Im Jahre 1808 vermerkten die Rentamtsbeamten bei Anlegung der neuen Grundsteuerkataster, dass Johann Nepomuk Lau Inhaber einer „personellen Bader-Conceßion" gewesen ist. Wann und von wem sie ihm verliehen worden war, ist nicht ersichtlich. Es erscheint möglich, dass die Konzession auf einen gräflich-königseggschen Verleihungsakt zurückging.

Auch wenn Nepomuk Lau kein akademisch gebildeter Arzt war, so genoss er doch als „Wundarzt" hohes Ansehen unter der Staufner Bevölkerung. Das bestätigt sich dadurch, dass er auch von der Gemeindeverwaltung in einer Bürgerschaftsrechnung als „Brunnengeldpflichtiger Dr. Lau" registriert war.

Wann Lau seinen Beruf als Chyrurgus aufgegeben hat, ist nicht mehr bekannt.

Dagegen ist überliefert, dass sich genau in dieser Zeit ein junger Mann, ein gewisser Joseph Bleile aus Hinterstaufen, Sohn eines Nagelschmiedes, als Lehrling zum Bader bei Nepomuk Lau in Staufen befand.

Dieser sollte dort eine dreijährige Ausbildung durchlaufen um anschließend als Wasserdoktor Karriere zu machen und so berühmt werden wie Vincenz Prießnitz, Sebastian Kneipp, die Gebrüder Hahn, Johann Schroth oder Arnold Rikli.

Die Zeit der Chyrurgen war schon wenig später zu Ende, als sich ein akademisch gebildeter Landarzt in Staufen niedergelassen hatte. Als der Eisenbahnbau begann, wurde dieser zum Bahnarzt berufen. Aber auch dann existierte der Bader noch eine Zeit lang, dessen Behandlungstätigkeit erst die Existenzgrundlage verlor, als die Krankenkassen aufgrund der gesetzlichen Krankenversicherungspflicht nicht mehr nur den zahlungsunfähigen, sondern allen Patienten die Hilfe eines Arztes statt die eines Baders bewilligte.

(Quelle: Bayrisches Staatsarchiv München)

Darstellung des Fleckens Staufen im 18. Jahrhundert (Privatbesitz Uli Haug)

Kurze Lebensgeschichte des Joseph Bleile

Über Joseph Bleile ist leider nur sehr wenig bekannt. Weder taucht er in den Archiven des Ortes Oberstaufen noch in den Unterlagen der Thalkirchener Klinik Dr. Müller auf. Einzig ein Buch aus dem Jahre 1838 von Professor Dr. Oertel, einem seiner Mentoren aus Ansbach, beleuchtet ein wenig Joseph Bleiles Lebensweg. In den im Verlag Ernst August Fleischmann erschienenen Werk mit dem Titel „Die Wasserheilkunde in ihrem Fortschreiten oder Joseph Bleile´s wundervolle Heilungen durch Wasser" erfährt man Näheres über den Wasserdoktor und dessen Wirken.

Sinngemäß heißt es hier:

Joseph Bleile, Sohn eines Nagelschmiedes in Hinterstaufen, einem zum Markte Staufen gehörigen Dorfe im sogenannten Allgäu des bayerischen Landes Schwaben wurde am 18. Januar 1793 geboren und besuchte nach Angaben des dortigen Pfarramtes die örtliche Schulanstalt, wobei er „bereits Talente zeigte, und mit großem Fleiße den besten Fortgang in allen Fächern machte, auch während der Schuljahre tadellos sich betrug".

Von da kam Joseph Bleile zu dem in Staufen wohnenden Chirurgen Johann Nepomuk Lau, bei welchem er drei Jahre als Lehrling und drei Jahre als Schüler war und sich dort zu dessen vollkommener Zufriedenheit entwickelte. 1835 erhielt er vom Königlichen Landgericht Immenstadt die Bewilligung „nach dem Tod des Chirurgen Johann Nepomuk Lau in Staufen die sogenannte niedere Baderei, jedoch unter Aufsicht und Anordnung eines Bonfikus, auszuüben".

Im März des Jahres 1836 erhielt Bleile die Erlaubnis, nach Missen, einem zwei Stunden von Staufen gelegenem Dorfe zu gehen und dort zu praktizieren, wobei ihm das Königliche Landgericht Immenstadt für seine Kenntnisse und seinen unbescholtenen Lebenswandel ein schriftliches Zeugnis ausstellte.

Da aber später von mehreren benachbarten Ärzten Klage gegen ihn wegen seiner Wasserkuren beim Königlichen Landgericht erhoben wurde, erhielt Bleile von der Königlichen Behörde den Auftrag, keine eigenen chirurgischen oder ärztlichen Handlungen vorzunehmen, ansonsten würde er „von Missen entfernt werden".

In Missen blieb Bleile zwei Jahre lang und das Pfarramt stellte ihm 1838 das Zeugnis aus, „daß er sich während dieser Zeit stets rechtschaffen, friedlich, dienstfertig und durchaus unbescholten betragen habe". Auch die Verwaltung der Landgemeinde bescheinigte ihm, „daß er alle Zweige der niederen Chirurgie mit Gründlichkeit erlernt habe".

Am 23. April 1838 erhielt Joseph Bleile von der Gemeinde Wilhams eine Bestätigung, „dass Bleile seit mehreren Jahren mit viel Mühe und Kosten die Wasserheilkunde nach Professor Oertels und anderer Schriften möglichst genau einstudiert, und bei Fleiß, Geschicklichkeit und musterhaftem Betragen als uneigennütziger Ratgeber die Wasserkur ausgeübt, und viele Leidende, die sich seiner Anleitung bedienten, durch deren Anwendung zur vollkommenen Gesundheit zurückgebracht habe".

Mit diesen Erfahrungen und Kenntnissen ausgerüstet und mit einem unwiderstehlichen Drang, die Wasserheilkunde weiter zu verbessern und zum Wohle der Menschheit anzuwenden, verließ Joseph Bleile im April 1838 Missen und fuhr nach Ansbach, um seinem hochverehrten Lehrer, aus dessen Schriften er seine Kenntnisse erlangte, den verdienstvollen Herrn Professor Oertel, persönlich kennen zu lernen. Dieser nahm ihn nicht nur mit aller Freundlichkeit auf, sondern vermittelte ihn gleich nach München zu Professor Kirchmayr, dem Senior des dort ansässigen „Hydropathischen Vereins", um von diesem weiter zu lernen und zu helfen, die Wasserheilkunde weiter zu verbreiten.

(Quelle: Bayerische Staatsbibliothek München)

Mit Joseph Bleiles Erscheinen und Auftreten scheint eine neue Epoche der Wasserheilkunde zu beginnen. Weiterhin berichtet Professor Oertel in seinem Buch über die besonderen Heilkünste des Joseph Bleile:

„Seine gemachten Erfahrungen in einem Umkreise des sogenannten Allgäu's in Schwaben haben ihm eine so schnelle Erkenntnis der Krankheiten verschafft, dass er auf der Stelle weiß, in welchem Grade er den Schwer- und Minderkranken zu behandeln hat. Ganz aufgegebene und schwer Kranke übernimmt er am liebsten, und bestimmt mit aller Umsicht, in welchem Grade die Kur vorzunehmen ist. Er weiß bei jeder neuen Erscheinung, selbst im sehr kritischen Falle, sogleich die Anwendung eines neuen Mittels, obgleich Wasser jederzeit die Hauptsache ist und bleibt. Nachdem er so den ganz Schwachen innerlich gereinigt und durch Wasser gestärkt hat, geht er zur stärkeren Kur über und rettet Menschenleben bei Kranken, die durch vieljährige Leiden schon lange dem Tode geweiht waren".

Joseph Bleile - Fotografie um 1870 (Privatbesitz Uli Haug)

„Geschichtliche Daten müssen lebendig gemacht werden, sonst kommt Staub zu Staub".

Dilthey (1880)

Für den Anstoß und wertvolle Hinweise zu diesem biografischen Roman danke ich vor allem Herrn Professor Dr. med. Hans-Dieter Hentschel von der Med. Fakultät der TU München. Herrn Dr. med. Müller, Inhaber der Internistischen Klinik in München-Thalkirchen, die aus der von Josef Bleile gegründeten Kaltwasser-Heilanstalt hervorgegangen ist, danke ich für einen wichtigen Hinweis.

(Fritz Haug, Mai 2003)

Joseph Bleile - Leben und Wirken in Oberstaufen und Thalkirchen

Ein historischer Roman von Fritz Haug

Inhalt

1. Sanus per aquam	23
2. Die Nagelschmiede	36
3. Die Wassergeister	47
4. Professor Oertel	55
5. Staufen	66
6. Ludwig	73
7. Vinzenz Prießnitz	87
8. Schroth	102
9. Eine neue Zeit	118
10. Thalkirchen	125
11. Nichts bleibt wie es ist	140

1. Sanus per aquam

Die Glocke der Basilika St. Lorenz im beschaulichen Allgäuer Residenzstädtchen Kempten schlug die zehnte Vormittagsstunde. Unmittelbar danach folgte ihr mit hellen Doppelschlägen das Glöckchen im Turm des nicht weit entfernten stattlichen Rathauses.

Der Wochenmarkt auf dem Rathausplatz war an diesem sonnigen Septembertag des Jahres 1852 in vollem Gang. Der junge Priester, der eine nagelneue, ihm sichtlich ungewohnte Soutane trug, schlenderte ohne Eile durch das Gedränge. Die Gesichter, die ihm entgegenkamen, drückten meist Freude aus, aber auch Gleichgültigkeit, Trauer und Schmerz. Ob es diesen Menschen wohl bewusst war, welches Erbe diese Generation aus dem Zeitalter Napoleons übernommen hatte? Und noch länger zuvor aus dem dreißigjährigen Krieg. Aus den unzähligen Streitigkeiten danach um die Macht in Europa. Es schien, als hätten die Menschen alle Gedanken an die Vergangenheit längst verdrängt. In jenen Tagen ließ man sich treiben, war glücklich wenn man zurechtkam. Die Zeiten waren halt so. Die bürgerliche Revolution war gescheitert, König Ludwig I. hatte abgedankt. In Bayern regierte sein Sohn, Maximilian II.

Der Priester, noch ganz in seine Gedanken vertieft, wandte sich den Marktleuten zu. Krämer, Huckler, Gärtner und Bauern, die ihre Waren in großen Weidenkörben und einzeln auf den Schragen der Marktstände feilboten. Sündhaft teures Walöl aus dem fernen Nordmeer für die Tranlampen in den Wohnstuben der Wohlhabenden. Unschlitt, Talg und Dochte, mit denen sich die bürgerlichen Haushalte begnügen mussten. Für die Küche feines Schmalz von Schweinen und Gänsen, Eier und Honig, Most und Beerenbranntweine. Frische Kräuter aus den bäuerlichen Wurzgärten, die nicht minder köstlich dufteten als die in bunten Farben schillernden Destillate der Pechsieder, die aus Tannenharz hergestellt wurden.

Eine wahre Augenweide bot der Käsestand der Hirnbeinalpen. Emmentaler Käseleibe, riesig wie Wagenräder. Das Rezept kam vor vielen

Jahren aus der Schweiz. Dann das wichtigste Produkt von Hirnbein, würziger Limburger Käse, der die Form von Backsteinen hatte. Die Hausfrauen schätzten diesen Weichkäse besonders wegen seines guten Geschmacks und des günstigen Preises.

„Der Hirnbein Carl aus Missen ist ein gescheiter Kopf" erzählte die geschäftige Marktfrau. „Die Käseherstellung hat er im Ausland studiert und gelernt, wie man ihn besser und vor allem haltbarer macht. Jetzt wird unser Käse sogar ins Ausland exportiert. Da kommt Geld ins Haus. Hirnbein hat es bis zum Abgeordneten im Landtag gebracht, in München berät er sogar den König. Er soll der reichste Mann im Allgäu sein. Fast hundert Alpen und Käsereien gehören ihm, man kann es kaum glauben. Aber er ist immer bescheiden geblieben und hat auch ein Ohr für uns einfache Bürger".

Der Stadtpolizist in seiner prächtigen Uniform schritt aufrecht und mit wichtiger Amtsmiene durch die Reihen, die Hand am Säbelgriff. Seine Aufgabe war, sowohl die Papiere als auch die Genehmigungen der Händler zu überprüfen. Ein scharfes Auge hatte er auf Raucher. Rauchen war in den Buden strikt verboten! Ausnahmen gab es für Pfeifenraucher, aber auch nur dann, wenn die Pfeife mit einem verschließbaren Deckel versehen war.

Der Geistliche schmunzelte. Er rauchte ab und zu gerne eine Zigarre.

Dienstmägde, erkenntlich an den weißen Rüschenhäubchen im Haar und an den frisch gestärkten, blendend weißen Schürzen, die sie über den Kattunkleidern trugen, erledigten eifrig die Einkäufe für ihre Herrschaften.

Biedere Hausmütter ermahnten ihren quengelnden Nachwuchs, nicht überall stehen zu bleiben und „Maulaffen" feil zuhalten. Dazwischen schlenderten mit erhobener Nase sichtlich gut betuchte Bürgerfrauen einher, die Frisuren mit Hornkämmen hoch gesteckt und nach der neuesten Münchner Frauenmode gekleidet: hellfarbige Reifröcke aus leichten schwingenden Stoffen und große, flache Hüte mit bunten Samtbändern. Hierzulande trug man den Hals züchtig verhüllt mit einem

Seidentuch. Allerdings verstiegen sich vereinzelte jüngere Damen zu einer in der Provinz absolut unschicklichen Leichtfertigkeit. Sie stellten die hübschen Ansätze ihrer Brüste in einem weit ausgeschnittenen Dekolleté zur Schau. Es war schließlich ein heißer Tag.

Amüsiert beobachtete der Priester, wie die Männer ihre Köpfe verdrehten und sich dafür von ihren Ehehälften wütende Rippenstöße einhandelten. Wie vergänglich ist doch die menschliche Eitelkeit, dachte er.

Noch kurzweiliger als die Wochenmärkte waren die großen Jahrmärkte, dachte der Priester. Sie wurden in den Städten und Marktgemeinden meist zweimal im Jahr abgehalten. Das war ein Augen- und Ohrenschmaus: Musikanten, Seiltänzer und Gaukler, die tanzend und singend durch Gassen und Plätze zogen. Wahrsagerinnen, geheimnisvoll hinter Schleiern verborgen, die aus den Karten die Zukunft lasen. Dunkeläugige Zigeuner mit schwarzem Lockenhaar führten tapsige Tanzbären am Strick, die sich zum Schluchzen der Geigen und dem Gerassel der Kastagnetten schwerfällig im Kreise drehten. Sie verströmten einen seltsamen Geruch. Gar zum Fürchten waren die Menschen ohne Unterleib oder noch schlimmer, die mit zwei Köpfen. Nur die lustigen Bänkelsänger gab es schon lange nicht mehr. Das Neueste war der Guckkasten. Durch zwei Okulare blickte man auf kolorierte Lichtbilder, faszinierende, plastisch wirkende Abbildungen der Wirklichkeit, die ein wortgewandter Erklärer gegen klingende Münze fachmännisch kommentierte.

Besonders viel Volk zog es zu den Ständen der Quacksalber und Wunderheiler. Mit offenem Mund lauschte man ihren salbungsvollen Versprechungen. Wenn es nach ihnen ging, waren alle Krankheiten längst besiegt und mit ihrer Hilfe könne jeder ein gesundes und langes Leben erwarten. Den eingesessenen Ärzten und Apothekern waren diese Gestalten ein Dorn im Auge. Sie waren genau so verpönt wie fremde Kesselflicker, Kübler und Jahrmarktschuster, die den amtlich genehmigten freien Verkauf auf dem Markt schamlos ausnutzten, um minderwertige Ware an den Mann zu bringen. Da half auch kein noch so lautstarker

Protest der Zünfte, weil der Magistrat nicht auf sie hörte sondern nur daran dachte, den schmalen Stadtsäckel zu füllen.

Mit den weltlichen Gedanken ließ der Priester den Trubel hinter sich und bog zielstrebig in die Rathausstraße ein. Die Fassade des stattlichen zweistöckigen Geschäftshauses mit der Hausnummer fünf hatte im ersten Stock einen schmalen, leicht vorspringenden Erker. Die Fenster waren ungewöhnlich groß. Ein kühles Tonnengewölbe führte von der Straße zum Hinterhof. Rechter Hand war der Buchladen von Tobias Dannheimer, den der Kunde durch eine kunstvoll geschmiedete und mit starken Riegeln versehene Eisentüre betrat.

Das Lächeln der Ladnerin war überaus herzlich, weil sie, streng geheim natürlich, so etwas wie mütterliche Zuneigung oder gar Liebe für diesen stattlichen jungen Mann empfand, der öfter in den Laden kam. Trotz seines gesetzten Auftretens konnte er kaum älter sein als dreißig Jahre. Alles an ihm wirkte gütig. Die Gesichtszüge, die buschigen Brauen über den hellen, kritisch blickenden Augen und vor allem der selbstsichere Zug um die vollen Lippen.

„Der Herr Prinzipal ist oben, Hochwürden. Bitte über die Hintertreppe. Er hat Besuch. Aber Sie stören nicht." Über die schmale Treppe gelangte man in das geräumige Comptoir, das Allerheiligste des Hausherrn.

„Alle guten Geister loben Gott den Herrn! Willkommen, Sebastian Kneipp!" rief Tobias Dannheimer. Sein faltiges Gesicht strahlte vor ehrlicher Freude.

„In Ewigkeit, Amen," antwortete der Priester.

„Ich sage ab sofort nur noch Hochwürden zu Ihnen, jetzt nach der glanzvollen Primiz in Ottobeuren," fuhr Dannheimer schelmisch lächelnd fort. Seine wachen Augen hinter den geschliffenen Brillengläsern verrieten einen scharfen Verstand und alle, die mit ihm zu tun hatten, hielten ihn für sehr viel jünger als er seinen Jahren nach tatsächlich war.

„Was haben Sie vor, wie sind Ihre Pläne? Hat Ihnen das Ordinariat schon eine Stelle zugewiesen? Und sind Sie wirklich wieder völlig gesund geworden? Sie haben sich ja selbst mit kaltem Wasser geheilt, wie man hört." Viele Fragen auf einmal.

„Mein Vater ist auf den Tod erkrankt," sagte Kneipp mit brüchiger Stimme, die gar nicht zu seiner imposanten Erscheinung passen wollte. „Deshalb gehe ich heute noch heim, nach Stephansried. Es wird wohl das letzte mal sein, dass ich ihn sehe. Ja, ich wurde nach Augsburg berufen. In der Klosterkirche zu Biberach soll ich dritter Kaplan werden. Richtig, das Wasser hat mich gesund gemacht, aber nur mit Gottes Hilfe."

Die Sonnenstrahlen in den Fenstern des Erkers füllten langsam den Raum und lösten die Regale aus dem Schatten. Man konnte die in Gold geprägten Titel auf den ledernen Buchrücken lesen, die sich in den Fächern und auf dem Fußboden stapelten. Auf zwei Stehpulten lagen die verstreuten Blätter handgeschriebener Manuskripte. Tobias Dannheimer war nicht nur Buchhändler, er war Lektor, Verleger und Drucker in einer Person.

Jetzt erhob sich am Besuchertisch im Hintergrund ein Mann mittleren Alters. Das solide englische Tuch und der Zuschnitt seines Gehrocks und der eleganten langen Beinkleider ließen auf einen erstklassigen Schneider schließen. Er war mittelgroß und kräftig. Die Augen, die Kneipps überraschtem Blick offen begegneten, wiesen eine eigenartige Fehlstellung auf, die auf eine überstandene schlimme Krankheit schließen ließ. Mit einem gewinnenden Lächeln reichte er dem Priester die Hand. Ein kräftiger, ehrlicher Händedruck.

Kneipp, der über die Gabe verfügte, seine Mitmenschen blitzschnell einschätzen zu können, war sich in seinem Urteil über Bleile ziemlich sicher. Hinter einer überaus freundlichen, ja fast jovialen Fassade verbarg sich ein zielstrebiger Charakter. Das war einer, der wusste, was und wohin er wollte und von sich und seinem Können überzeugt war. Nicht älter als fünfzig, schätzte Kneipp. Aber mit Sicherheit kein Studierter, eher von biederer Herkunft.

„Darf ich die Herren vorstellen," entschuldigte sich Dannheimer für sein Versäumnis. „Das ist einer meiner Autoren, Herr Joseph Bleile, Eigentümer der Kaltwasser-Badeanstalt in Thalkirchen, unweit von München. Ein gebürtiger Allgäuer wie Sie, Hochwürden. Aus dem Markt Staufen."

Dannheimer ergriff das oberste Exemplar eines hohen Bücherstapels. Es roch nach Druckerschwärze und frischem Papier.

„Hier haben wir das neue Buch! Für einen Ledereinband mit Goldschnitt hat es leider nicht gereicht. Unser verehrter Herr Bleile ist halt ein sparsamer Allgäuer. Dieser solide Pappeinband tuts freilich auch."

Dannheimer lachte. Er achtete nicht auf den stummen Protest Bleile's und dessen beschwichtigende Handbewegungen, die andeuten sollten, die Aufmachung sei nicht das Wesentliche.

„Das Buch wurde von mir verlegt und gedruckt. Sie sollten wissen, Hochwürden, dass sich das Thema Gesundheit immer besser verkauft. Meine Kunden sind erpicht auf gute Ratschläge. Es darf nicht viel kosten. Die meisten können sich keinen Doktor leisten, ein Buch ist viel billiger. Gesundheit, die aus der Natur kommt, ist gefragt. Besonders die einfachen Mittel, die Volksmedizin."

Kneipp nahm das Buch zur Hand und las laut vor : „Beiträge zur Kaltwasser-Heilkunde nach ärztlichen und eigenen Erfahrungen in zwei Abteilungen von Joseph Bleile." Er begann zu blättern und sich im Text zu vertiefen.

„Herr Bleile," sagte er nach einer geraumen Weile. „Wie sie gehört haben, gelang es mir, mich durch kaltes Wasser zu heilen. Mein Elternhaus war arm, es reichte kaum für das Allernötigste. Schon gar nicht für die Schule. Ich erlernte das Weberhandwerk. Mit Hilfe eines Gönners, Kaplan Merkle, habe ich mir schließlich das Studium der Theologie unter vielen Entbehrungen hart erarbeiten müssen. Mittendrin bin ich schwer krank geworden, Schwindsucht, unheilbar, wie die Ärzte sagten, also hoffnungslos, ein Todeskandidat. Auf dem Krankenbett habe ich viel gelesen und eines Tages fiel mir ein Büchlein über die Wasserheilkunde in die Hand. Es wurde vor langer Zeit von schlesischen Ärzten namens Hahn geschrieben. Sie propagierten die Wasserheilkunde. Neu verlegt war es von einem gewissen Professor Oertel, wenn ich mich recht entsinne. Es war für mich wie eine Offenbarung. Ich habe die meisten Ratschläge eisern befolgt, bin sogar mitten im Winter in die eiskalte Donau gestiegen. Das war hart, aber erfolgreich. Ich wurde gerettet. Heute fühle ich mich gesund und stark genug, um mein Amt als Seelsorger anzutreten. Aber plötzlich bedrängt man mich von allen Seiten und bittet mich um Hilfe. Ich bin so unschlüssig, wie ich mich verhalten soll! Man kann doch nur einem Herrn dienen. Priester wollte ich werden, und kein Arzt."

Kneipp konnte seine Zuhörer mit knappen und klaren Worten fesseln. Es gab keine Zwischenfragen.

„In meiner Münchner Studienzeit habe ich einem befreundeten Studenten im Hof des Gregorianums an einem Wasserbassin heimlich Güsse und Bäder verabreicht. Er litt ganz elend an Tuberkulose und tat mir so leid. Prompt habe ich mir eine Rüge eingehandelt und beinahe meinen Freiplatz riskiert. Ich sehe hier, Herr Bleile, dass Sie Ihre Wasserkur auf die vielfältigste Weise darstellen. Ihre Anwendungen bestehen aus Einpackungen zum Schwitzen in trockenen Decken und nassen Leintüchern. Sie verwenden Vollbäder, Regen-, Sitz- und Fußbäder, ferner die Dusche. Sie nehmen Abwaschungen im kalten Bad vor, verabreichen nasse Umschläge und schließlich Klistiere. Sie empfehlen Diät, frische Luft und Bewegung im Freien."

„Richtig", sagt Bleile, der sich von seiner anfänglichen Überraschung schnell erholt hatte und in der Aufregung aus seinem vornehmen, leicht überheblich wirkenden Münchner Tonfall heraus in die kehligen Laute seiner Allgäuer Mundart verfiel. „Vor allem empfehle ich als Ernährung frische Milch und deren Produkte, die wir bei uns in Bayern reichlich und vor allem gesund wie nirgendwo daraus herstellen. Aber bis dahin war es ein langer Weg. Zuerst heilte ich nur mit kaltem Wasser, das ich in Form von langen Bädern verordnete und die Patienten eimerweise trinken ließ. Dazu gab ich eine strenge Diät, nur geschälte saure Äpfel, sonst nichts. Das war sehr einseitig. Später habe ich viel dazu gelernt. Heute bevorzuge ich auf jeden einzelnen Krankheitsfall abgestimmte Anwendungen und eine unverdorbene Kost, so wie sie die Natur uns gibt."

Kneipp warf Dannheimer einen vielsagenden Blick zu. In diesem Bleile steckte eine schier unglaubliche Energie und Zielstrebigkeit.

„Ja, Hochwürden", fuhr Bleile ungerührt fort, „es ist fast unglaublich, wie sich unsere Schicksale gleichen. Ich war nur ein Hirtenbub auf dem bescheidenen Hof meiner Eltern in Hinterstaufen. In der Nagelschmiede, die mein Vater als Zubrot betrieb, taugte ich nicht viel. Zutiefst unglücklich war ich mit mir selbst und dem trostlosen Leben in unserem Dorf. Aus vielen Gründen heraus wäre ich um ein Haar auf die schiefe Bahn geraten, hätte mein Leben als Tagedieb und Nichtsnutz beendet. Schließlich wurde ich sehr krank. Rotlauf. Sie wissen, das ist lebensgefährlich. Ein gütiges Geschick rettete mich. Ich erlernte sehr spät den Beruf des Baders. Nach den Vorschriften eines englischen Arztes, John Floyer, die ich bei meinem Lehrherrn studierte, hab ich mich mit Bädern in kaltem Wasser und einfachster Kost aus unserem Bauerngarten selbst geheilt. Die Wassergeister waren auf meiner Seite und haben mir dabei geholfen."

Bleile bemerkte die belustigten Blicke, die sich seine Gesprächspartner zuwarfen.

„Natürlich gibt es keine Wassergeister, meine Herren. Ich meine damit die Kohlensäure. Ohne diese belebenden Perlen ist das Wasser tot. Ich prüfe als erstes immer das Wasser, ob es lebt. Ja durch diese glücklichen Umstände konnte ich endlich etwas Rechtes aus meinem verpfuschten Leben machen. Gerne hätte ich studiert. Aber an ein Studium war nicht zu denken. Kirchenmäuse waren reich gegen uns." Bleile lächelte. So entwaffnend, dass Kneipp im Herzen eine ehrliche Zuneigung für seinen Landsmann empfand.

„Als Bader galt ich etwas, besonders später, als ich von Staufen fortging. Für die einfachen Leute aus dem Volk war ich der Doktor. Natürlich wollte mir die Obrigkeit am Zeug flicken. Der Distriktsphysikus war hinter mir her und wollte mir Kurpfuscherei nachweisen. Aber keiner hat mich verraten, meine Patienten hatten Vertrauen zu mir, ich heilte Menschen und Vieh. Der Kaplan, der mich nach Missen holte, kümmerte sich um mich. Er verbesserte meine mageren Schulkenntnisse im Schreiben, Lesen und Sprechen, wies mir durch glückliche Umstände den Weg zu einem Experten der Wasserheilkunde, just jenem Professor Oertel in Ansbach, den sie soeben erwähnten, Hochwürden. Man vermittelte mir eine Stelle als Bademeister in München, in der berühmten Kaltwasser-Heilanstalt Brunntal. Dort konnte ich frei schalten und walten. Es war immer mein Traum, nach meiner eigenen Methode zu heilen. Mein Patron ließ mir freie Hand, er schätzte mich, obwohl ich nur ein Badergeselle war, ein Laie sozusagen. Aber die berühmtesten Wasserdoktoren, Prießnitz, Schroth und Weiß waren auch nur Laien. Sie nicken, also haben Sie von ihnen gehört? Ich habe sie aufgesucht, war ihr Schüler. Doch die Münchner Ärzte und mit ihnen das Ministerium klagten mich der Kurpfuscherei an und wollten mich ins Gefängnis werfen. Bin halt ein ‚gstärgrindiger' Allgäuer."

Bleile bewegte die Arme wie Flügel nach allen Seiten und es schien, als kämpfe er verbissen gegen einen unsichtbaren Gegner.

„Ich kämpfte, machte eine Eingabe nach der anderen, immer direkt an den König. Aus der Staatskanzlei kamen nur Absagen. Erst als sich gute Freunde für mich einsetzten hat der König eigenhändig die Genehmigung unterschrieben, dass ich weiter mit Wasser heilen darf. Aber das hat seinen Hofschranzen, diesen Bürokraten, überhaupt nicht gefallen. Die machten mit den Amtsärzten gemeinsame Sache. Aus purem Neid und Missgunst! Etliche Jahre hielten sie mich noch hin. Das war eine harte Probezeit."

Bleile hielt inne. An den mit Schweißperlen besetzten Schläfen traten dicke Adern hervor, der Kopf war gerötet. Seine Stimme wurde schärfer, fast schrill.

„Noch heute feindet man mich an, verlangt eine ständige ärztliche Aufsicht. Das kann und will ich nicht einsehen! Wenn ich Menschen heile, nur mit Hilfe des kalten Wassers, brauche ich dazu weder ein Studium noch einen Arzt. Wer heilt, hat Recht! Das Wasser ist es, das heilt, einzig und allein das Wasser!"

Bleiles Tonfall wurde sanfter. „Mit Fleiß, Sparsamkeit und Glück habe ich in den letzten Jahren mit meiner Familie, meiner Gattin Theresia und unserem Sohn, dem Josef, in den Thalkirchner Isarauen, unweit von München, eine eigene Kuranstalt aufgebaut. Ich konnte Hunderten von Kranken Linderung und Heilung bringen."

„Glauben Sie mir, verehrter Sebastian Kneipp", fuhr Bleile fort und stellte sich wie beschwörend vor dem Priester auf die Zehenspitzen. „Glauben Sie mir, es ist ein überaus beglückendes Erlebnis, wie Menschen, die hoffnungslos zum Tod verurteilt sind und denen offensichtlich keine Kunst der Ärzte mehr helfen kann, allein durch die schier unglaubliche Wirkung des reinen Wassers wieder völlig gesund werden. Ohne sie mit der blutigen Schlachterei der Chirurgie zu quälen oder gar mit chemischen Keulen zu vergiften."

„Prießnitz ist im vorigen Jahr gestorben," warf Dannheimer ein, „er war auf der ganzen Welt berühmt. Über sein Lebenswerk sind mehr als vierhundert Bücher und Schriften erschienen. Viele wurden auch von Wissenschaftlern und von Ärzten geschrieben. Ich habe etliche davon im Laden. Auch über Schroth, der jetzt mit seinem Sohn Emanuel praktiziert, wird zunehmend Positives berichtet. Josef Weiß lebt in England und ist ein Verkünder der Lehre von John Floyer geworden."

Dannheimer kletterte schwerfällig auf einen hölzernen Schemel, griff zielsicher in ein dicht unter der Zimmerdecke befindliches Regal.

„Da hätte ich mit Verlaub ein ganz neues Buch über Schroth, den man den Semmel- und auch Fastendoktor nennt. Es wurde von dem Münchner Militärarzt Doktor Lorenz Gleich geschrieben und heißt ‚Über die Notwendigkeit einer Reform der so genannten Hydropathie oder Geist und Bedeutung der Schrothschen Heilweise'. Ja, in vielen Orten, hier in Bayern, den anderen Ländern und sogar im Ausland, sind Wasserheilanstalten im Geiste von Prießnitz und Schroth entstanden. Und sie machen durchwegs keine schlechten Geschäfte."

„Baptista Vanoni, einer meiner ältesten Patienten, hat soeben in Dresden eine Kuranstalt eröffnet," sagte Bleile. „Er vollzieht dort beachtliche Heilungen nach der Schroth'schen und Prießnitz'schen Methode. Er war einer der eifrigsten Schüler Schroth's und hat von ihm das ehrenvolle Zeugnis der ‚vollkommenen Befähigung` erhalten."

Dannheimer blätterte inzwischen in einem dicken Register. „Vanoni", murmelte er und fuhr mit dem Zeigefinger auf und ab, „Vanoni Baptista, hier ist es. Doch nicht der Vanoni, der das Augsburger Tagblatt gegründet hat und später in München eine andere Zeitung? Ja, hier steht es. Er ist der Herausgeber einer Schrift ‚Der Naturarzt`, in der er die Heilweisen von Schroth und Prießnitz beschreibt. Erschienen bei Mathes in Leipzig." Dannheimer war sichtlich stolz über seine Fachkenntnis.

„In Thalkirchen behandle ich ausschließlich nach meiner eigenen Methode, die sich in Teilbereichen an die Aussagen der Ärzte Ferro und Floyer anlehnt", sagte Bleile stolz. „Ich habe diese Methode auf Rat des Tierarztes Doktor Weiß aus Freiwaldau übernommen, den ich damals, als ich bei Prießnitz und Schroth studierte, ebenfalls konsultiert habe. Er ging später nach England, ist heute Ehrendoktor der Universität von Edinburgh. Er hat vor allem die Wasserkur und auch Schroth's Methode in England sehr publik gemacht. Von Schroth habe ich nur die Einpackungen in nasse Leintücher übernommen. Mit seinen altbackenen Semmeln und dem langen Dürsten konnte ich mich nie anfreunden. Da habe ich mit den Heilkräften der Milch und den guten Nahrungsmitteln von bäuerlicher Herkunft bessere Erfahrungen gemacht. Doch allgemein geht das Interesse an der Kaltwasserkur bereits zurück. Der Fortschritt verweichlicht die Menschen zusehends und keiner will sich mehr richtig anstrengen, um gesund zu werden. Auch in meiner Kuranstalt schwankt die Belegung. Der feudale Kurort Gräfenberg und zunehmend auch das bescheidene Niederlindewiese sind eine harte Konkurrenz geworden!"

Bleile unterbrach sich und zog an einer Kette eine silberne Taschenuhr aus der Westentasche. Auf dem Sprungdeckel, den er mit einem Fingerdruck öffnete, sah man die eingravierten Buchstaben ‚FMS'.

„Meine Herren", sagte er erschrocken, „ich muss mich dringend empfehlen, und zwar mit Eilschuss!"

Die beiden Herren sahen sich leicht verwundert an. Woher sollten Sie wissen, dass Bleile diese Redewendung über alles liebte und sie gerne und oft gebrauchte, vor allem in seinen zahlreichen Leserbriefen, mit denen er die Redaktionen der hydropathischen Zeitschriften traktierte. Bleile nahm davon keine Notiz, er war wirklich in Eile.

„Sie sehen es mir nach, wenn ich sofort aufbrechen muss, meine Herren. Ich bin mit der ‚König Ludwig Süd-Nord Bahn' nach Kempten gereist, von München her über Augsburg. Hier ist vorläufig Endstation. Stellen Sie sich vor, für die Strecke von Augsburg nach Kempten hatten wir nur sechs Fahrtstunden! Es gibt einige Irre, darunter auch namhafte Gelehrte, die glauben zwar immer noch, diese enorme Geschwindigkeit sei unserer Gesundheit abträglich. Sie behaupten, durch den Fahrtwind entstünde ein Unterdruck und man würde durch den Mangel an Sauerstoff ersticken. Dabei laufen die neuen Loks von Borsig in München auf den Versuchsstrecken bereits mit 126 Stundenkilometern. Das Gleis von Kempten über Immenstadt nach Staufen und weiter nach Lindau ist noch im Bau, deshalb muss ich hier auf den Stellwagen wechseln. Das macht bis Immenstadt weitere sechs Stunden. Dort lässt mich der Staufner Postexpeditor Keck mit der Extrapost abholen, die mich, sofern kein Hindernis eintritt, noch heute Nacht nach Staufen bringt. Ich wohne bei einem guten Freund, dem Uhrmacher Fidel Mahler. Im Elternhaus in Hinterstaufen ist jede Kammer vermietet. An die Bahnarbeiter. Als wir ein festes Ziegeldach bekamen, weil der Funkenflug aus den Lokomotiven das Schindeldach in Brand gesetzt hatte, haben wir das Haus vergrößert. Das Bahngleis führt mitten durch unseren Hof. Und aus der alten Nagelschmiede ist eine Werkstatt für den Bahnbau geworden. Meine beiden Brüder, Matthias der Schmied und Franz Xaver der Bauer, haben alle Hände voll zu tun. Sie verdienen gut und können unsere Mutter, die nicht mehr die jüngste und gesündeste ist, nach Kräften unterstützen."

„Sanus per aquam" sagte Sebastian Kneipp würdevoll, als sich die drei Männer zum Abschied die Hände reichten. Er wirkte sehr nachdenklich. „Gesundheit durch Wasser. Das wusste man schon im alten Rom und noch viel früher, bei den Urvölkern. Ich hoffe, wir sehen uns irgendwann gesund wieder."

Bleile hielt auf der Schwelle kurz inne, um gerade noch zu hören, was Kneipp zu Dannheimer sagte.

„Die Ausführungen des Herrn Bleile haben mich beeindruckt, Herr Dannheimer. Ich werde das Buch kaufen. Wer weiß, es könnte mir eines Tages nützlich sein."

2. Die Nagelschmiede

Im Feuer der Esse begann der dünne Eisenstab zu glühen, erst schwach, dann immer stärker. Mit dem rechten Fuß bewegte der Nagelschmied kräftig die Tretstange, die über eine sinnvolle Übersetzung den ledernen Blasebalg in Bewegung hielt. Über ein Rohr gelangte der kräftige Luftstrom in die glühenden Kohlen und verstärkte fauchend die Glut. Das Eisen war jetzt leuchtend rot. So war es richtig.
 Glühte das Eisen weißlich, wurden die Nägel hart und spröde und unter dem Hammer sprangen die Köpfe ab. Nur schwach rotglühend war es zu weich und die Nägel nützten sich beim Gebrauch viel zu schnell ab.
 Johannes Bleile nahm den Stab vom Feuer, spitzte das glühende Ende zu und legte ihn auf einen schmalen Eisenkeil, die Schrotte. Mit einem einzigen Hammerschlag trennt er die für einen Nagel bestimmte Länge ab. Ein leichter Stoß gegen den Amboss bog die Spitze nach unten, die er in das senkrechte Loch des Nageleisens drückte. Ein kurzer Ruck trennte nun den Rest des Stabes von der Spitze. Mit wenigen Hammerschlägen formte er das überstehende Eisenstück zu einem Nagelkopf. Nach einem leichten Schlag auf die Feder des Nageleisens warf ein Zapfen den fertigen Nagel aus dem senkrechten Loch, der Krone.
 Das eiskalte Wasserbad zischte und härtete den Nagel. Von den Kappennägeln, die Bleile in diesem Winter für den Eisenhändler herstellte, schaffte er an guten Tagen problemlos tausend Stück. Man nannte das einen Dreipfünder, weil tausend Nägel drei Pfund auf die Waage brachten.
 Mitten in der Arbeit hielt Johannes inne. Es war ein normaler Dienstag in der Woche und bald war Mittagszeit. Aber heute war er mit dem Kopf überhaupt nicht bei der Sache. Seine Frau, die Creszentia, lag in den Wehen. Das erste Kind. Diesen 18. Januar des Jahres 1803 hatte er am Morgen in Steinhausers Jahreskalender dick angestrichen. Er warf den frischen Nagel in die Nageltruhe, legte den schweren Lederschurz aus

gegerbtem Kalbsfell zur Seite und deckte kalte Asche über die nur noch schwach glühende Kohle.

Die kleine, windschiefe Nagelschmiede stand etwas abseits vom Bauernhaus. Der eisige Ostwind fegte mit ungewohnter Stärke vom Alpsee her durch den flachen Boden des Konstanzer Tals auf den Staufner Berg zu, der das Talende abschließt und aus der Ferne einem Vulkankegel ähnelt.

Mächtige Gletscher schnitten in der jüngsten Eiszeit eine messerscharfe Kerbe zwischen den Staufenberg und die gegenüberliegenden Anhöhen. Der Rheingletscher mit seiner über tausend Meter dicken Eisschicht zog sich bei wieder ansteigenden Temperaturen in südlicher Richtung durch den vorderen Bregenzer Wald und das Rheintal zurück zum Bodensee, während der Illergletscher nach Osten wanderte und das Konstanzer- und Illertal als tiefe Furchen zurückließ. An der Bruchstelle, an der sich die beiden Gletscher trennten, entstand eine natürliche Wasserscheide.

Zehn armselige Bauernhöfe bildeten den zum Markt und zur Pfarrei Staufen zählenden Weiler Hinterstaufen. Sie schmiegten sich eng an die kärglichen Weiden und Äcker im schmalen Talboden.

Johannes wusste nicht, dass sich sein Anwesen auf einem mystischen Platz befand, an dem es genügend Gründe für die Entstehung von Sagen und Märchen gegeben hätte. Es hätte ihn in diesem Augenblick auch kaum interessiert.

Mit aller Kraft stemmte er sich gegen den Wind und stapfte die wenigen Schritte von der Schmiede hinüber zum Hof.

Es hörte sich an wie ein tiefes Seufzen. Das Haus sprach zu seinen Bewohnern. Die schweren, von Hand behauenen Holzbalken, Flöcken genannt, aus denen es gebaut war, rieben sich an ihren Fugen und Kerben, erzitterten unter dem Druck des Sturmwindes und der Schneelast.

In die scharfe Winterluft mischte sich der Rauch der Esse. Johannes atmete tief. Es war der Geruch der Bergheimat, den man nirgendwo sonst so intensiv spürte.

Bevor er durch die Schopftüre in den Stall schlüpfte, sah er an der Auffahrt zur Tenne den schweren Frachtschlitten. Corneli ist eingetroffen, dachte er, trotz des widrigen Wetters.

Aus dem Dunkel des Stalls wandten ihm drei Milchkühe ihre sanften braunen Augen zu. Die Rinderzucht brachte zusätzliches Geld und zudem gaben Kühe und Ziegen ausreichend Milch, um daraus Butter, Weichkäse und Zieger für den Eigenbedarf herzustellen. Das Schwein lebte nur bis kurz vor Weihnachten, dann wurde es geschlachtet, zu Schmalz und Rauchfleisch verarbeitet.

In der Schinde standen die zwei Zugpferde, die zum Schlitten gehörten und gierig den Hafer aus einem Rupfensack fraßen.

Weiß und braun gefleckte Geißen drängelten sich neugierig zwischen blökenden Schafen im Holzverschlag und versuchten vergeblich, die Aufmerksamkeit der Pferde auf sich zu lenken. Eine Schar Hühner und etliche Enten gackerten aufgeregt in ihrem Käfig aus dünnen Holzstangen.

Johannes betrat die Küche. Das Feuer auf der Sandsteinplatte unter dem offenen rußbedeckten Kamin prasselte und spiegelte sich funkelnd in den blanken Messingpfannen, die im hölzernen Schüsselbord hingen. Im eisernen Kessel, der auf einem geschmiedeten Dreifuß mitten im Feuer stand, brodelte heißes Wasser.

„He, Nagelschmied", rief eine helle Stimme. Eine junge Frau trat aus der Kammer. Sie trug einen Stoß grob gewebter und gebleichter Leintücher auf dem Arm. Ihr Redeschwall überfiel Johannes völlig unvorbereitet.

„Das Leinenzeug kommt an den Kamin, damit es richtig heiß wird. Und merkt Euch, bei einer Geburt dulde ich keine Männer! Aber weil es Euer erstes Kind ist, sage ich es im Guten. Übrigens kann es noch lange dauern. Wir warten auf die Presswehen."

Das kann nur die Hebamme sein, dachte Johannes. Corneli hatte sie auf seinem Frachtschlitten hergebracht. Natürlich, der Fußweg über die Rainwirtschaft war wegen des tiefen Neuschnees unpassierbar. Nur die Straße durch das Wengener Tal war noch offen.

Sein Bruder Corneli, zwei Jahre jünger als er, war ein Teufelskerl. Er stand in Diensten der Immenstädter Salzfaktorin und war für die reibungslose Organisation der Salzfuhrwerke auf der Etappe zwischen dem riesigen Salzlager in Immenstadt und dem kleinen Stadel in Simmerberg zuständig. Er beaufsichtigte auch die Bauern, die sich in den Wintermonaten den Frachtdienst auf der Salzstraße mit ihren Pferdegespannen teilten. Die Wege waren meist gefroren und mit Pferdeschlitten leichter zu bewältigen als im Sommer. Dann versanken die Fuhrwerke bei Regenwetter bis über die Achsen im bodenlosen Morast.

Das kostbare, lebensnotwendige Salz wurde in den Salzbergwerken um Hallein und Reichenhall gewonnen, in den Salinen gereinigt und in geschroteter Form in Holzfässern oder als schwere Blöcke in Säcken weiter transportiert.

Gefährliche Steilstrecken wie das Hochsträß zwischen Kalzhofen und Buflings oder der berüchtigte Hahnschenkel zwischen Genhofen und Simmerberg konnten nur unter mancherlei Gefahren bezwungen werden, ehe das Salz weiter zum Bodensee und bei günstigem Wind mit schwerfälligen Lastkähnen, Lädinen genannt, hinüber ans jenseitige Ufer transportiert wurde. Von dort ging die Fracht entweder über die schweizerischen Alpenpässe ins Welsche (Anm. d. Autors: Schweizerische) oder rheinabwärts ins Elsaß.

Johannes betrat das mit rohen Brettern aus Tannenholz verkleidete Schlafzimmer, den Gaden. Der Bettkasten und der darüber befindliche hölzerne Baldachin waren mit Heiligenfiguren und Sprüchen bunt verziert. Creszentia lag in den mit trockenem Buchenlaub gefüllten Kissen und stöhnte leise vor sich hin. Ihre schwarzen Haare waren nass vom Schweiß. Johannes ergriff die kleine, feuchte Hand. Bei unserer Hochzeit vor vier Jahren waren wir beide noch sehr jung, erst zweiundzwanzig Jahre, dachte er. Nachbarskinder.

Die Ermahnung der Hebamme fiel ihm ein. Eilig zog er sich in die Stube zurück. Er erhaschte noch den unwirschen Blick aus den Augen seiner Mutter, der Witwe Magdalena Bleile, die mit einem Holzzuber hereinkam, in den später das Badewasser für das Kind eingefüllt wurde. Die Mutter war noch keine Fünfzig, doch die harte Arbeit auf dem Hof hatte sie bis fast auf die Knochen ausgezehrt.

In der Stube, am ockerfarbenen Lehmofen, direkt unter der schmalen Luke in der Zimmerdecke, durch die warme Luft in das Zimmer der Mutter gelangte, saß Corneli und rauchte eine Tabakspfeife. Gegenüber im Herrgottswinkel neben dem Wachsmodel mit dem bleichen Christuskind in seiner Krippe flackerte die geweihte Wetterkerze. Durch den verwitterten Rahmen der Ruckerfenster drang ein kalter Windhauch.

Die Mutter stellte für ihre beiden Söhne eine Schüssel mit heißem Kraut und gekochten Kartoffeln auf den Tisch, dazu ein Stück grobes Brot und als Trunk frisches Brunnenwasser, das mit etwas Most vermischt war. Das war die übliche Mittagskost der Nagelschmiede und Bauern, die zur Winterszeit öfter auf den Tisch kam, als den meisten lieb war. Manchmal gab es am Werktag auch eine Suppe aus Dörrobst oder eine Mehlspeise. Fleisch war selten.

Überhaupt, es war Johannes zuwider, wenn es im Spätherbst an das Einlagern der Wintervorräte ging. Das war schließlich Sache der Frauen. Sie waren verantwortlich für die richtige Lagerung der Ackerfrüchte, die auf eigenem Grund geerntet wurden: Kartoffeln, Saubohnen, Getreide in Form von Veesen, einer Art Dinkel und Gerste, dazu kleinere Vorräte an Salz, Mehl, Schmalz und die Winteräpfel, die sehr spät von den kümmerlichen Obstbäumen auf der Buind, dem Anger, geerntet wurden. Die frühen Sorten wurden zu Saft und Most gekeltert. Das Weißkraut musste gehobelt und in der Krautstande mit Salz und Wacholderbeeren vermischt und eingestampft werden. Als Sauerkraut konnte man es den ganzen Winter über lagern. Die im Wald und in den Hecken gesammelten Beeren und Früchte wurden mit viel Zucker zu Marmelade gekocht. Kräuter wurden getrocknet und als Tee gegen allerlei Schmerzen, den Wehtag, verwendet. Und das fleißige Bienenvolk sorgte schon frühzeitig für den Honigvorrat.

Johannes war wortkarg. Das Reden fiel ihm wesentlich schwerer als das Schmieden eines Dockenburgers, die schwirigste Arbeit auch für einen Nagelschmied.

Von frühester Kindheit an kannte er nur harte Arbeit. Im Herbst im Holz, im Winter mit dem Vater in der rußigen Schmiede, ab dem Frühjahr mit Eltern und Geschwistern auf der Alpe mit ihren steilen Mähwiesen, die von Geröll und Holzwerk gesäubert wurden. Dann kam das Vieh auf die Alpe. Die Buben verdingten sich als Hirten und die Männer gingen als Senner und Milchzieher ihrer Arbeit nach.

Trotz äußerster Sparsamkeit reichten die Erträge vom Hof und von der Nagelschmiede nicht weit. Ein ganz geringes Zubrot brachte der Erlös aus dem Garn, dass von den Frauen nach der Erntezeit aus Schafwolle und dem spärlichen eigenen Flachsanbau gesponnen wurde.

Und ausgerechnet jetzt kam das Kind. Ein hungriger Mund mehr, der gestopft werden musste.

Bruder Corneli dagegen war ganz anders. Er war immer auf dem Laufenden. Leutselig plauderte er mit den Fuhrleuten und noblen Kaufherren, die in Immenstadt im Salzstadel Station machten. Abends zechten die Herren meist im „Engel" oder in einer anderen Wirtschaft bei einer guten Mahlzeit und einem Krug Bier. Manche leisteten sich sogar eine Kanne von dem teuersten italienischen Wein.

Corneli spitzte immer die Ohren. Schließlich kam er zu der festen Überzeugung, dass die meisten seiner Mitbürger in diesem rückständigen Allgäu und besonders in der armseligen Grafschaft Staufen ziemlich beschränkt waren und kaum eine Ahnung von dem hatten, was in der weiten Welt vor sich ging.

„Dieser Napoleon wird die Welt ins Unglück stürzen" sagte Corneli, nachdem er mit einem Stück Brot die Schüssel gesäubert hatte. „Als wenn wir nicht genug Not gelitten hätten im Krieg. Früher unter den Schweden, den Kaiserlichen und heute immer noch unter den Franzosen, die uns ausgeplündert haben. Alles Militär ist das gleiche Gesindel. Erinnerst du dich an die Schreie der Verwundeten im Lazarett auf dem Staufner Schloss, die man im ganzen Ort gehört hat? Das ist jetzt zwei Jahre her. Im Massengrab auf dem Weißacher Friedhof findest du sie wieder, tote Soldaten ohne Namen und Kreuze, wie es anständigen Christenmenschen geziemen würde. Und dann die Hungersnöte! In Oberstdorf sollen sie Mäuse und Ratten gebraten haben. Heute können wir wählen, ob wir lieber am Hunger, am Aussatz, den Blattern, der Pest oder an der Cholera krepieren wollen!"

Corneli deutete das Schweigen seines Bruders als Zustimmung. Er stopfte sich aus dem ledernen Tabaksbeutel eine neue Pfeife.

„Also, was den Grafen Johannes, unseren Landsherrn angeht," fuhr er spöttisch fort, „da konnte doch kein Mensch wissen, dass er auf die Gant kommt und sein Besitz den Bach hinunter geht! Wie man hört, wurde eure Zunft, die Schreiner, Kastenmacher und Nagelschmiede, dazu gezwungen, dem Königsegg mit einer Geldspende aus der Patsche zu helfen. Ein Opfer der Armen für die Reichen. Stolz waren sie einst, die noblen Herren! Jetzt sind sie zu Bettlern geworden. Wo ist der Reichtum geblieben, der Glanz? Es heißt, der Graf sei auf den Tod erkrankt und würde seinen Besitz dem Kaiserhaus Österreich-Ungarn überschreiben."

Die Habsburger sind nicht weit, dachte Johannes. Die Grenze liegt schon im Westen, bei Oberreute und Weiler. Bald gehören auch wir dazu. Laut sagte er:

„Bruder, es ist doch egal, wohin wir unsere Steuern und Abgaben zahlen müssen, ob nach hier oder nach drüben. Halsabschneider sind sie alle, sie ziehen uns aus bis aufs Hemd. Ich weiß wirklich nicht mehr, woher ich das Geld nehmen soll."

Aber Corneli hatte andere Sorgen. Sein Hang für die Technik ging mit ihm durch.

„In England hat man die Dampfmaschine weiter entwickelt. Sie haben eine viel stärkere, eine Hochdruckmaschine konstruiert", fuhr Corneli ungerührt fort. „Sie ist bärenstark und treibt über Transmissionen Werkzeuge an, sogar riesige Schmiedehämmer. Es heißt, bald werden damit

Fuhrwerke auf den Straßen fahren, ganz ohne Pferde. Und eines Tages wird diese Maschine auch zu uns kommen und uns die Arbeit wegnehmen! In Amerika schuften schwarze Sklaven auf den Baumwollfeldern, ohne Lohn, nur fürs Essen und ein Dach überm Kopf. Maschinen weben im Königreich Großbritannien ein Tuch daraus, welches besser und haltbarer ist als unser Leinen. Sie weben viel schneller und billiger als jeder Weber. Kein Wunder, weil auch Kinder mitarbeiten müssen, bis zu zwölf Stunden am Tag!"

Johannes hörte kaum noch hin. Ihn scheren weder Baumwolle noch Kinder, die daraus Tücher webten. Die Existenz der Weber war nicht sein Problem. Für ihn zählte der Bestand seines Hofes und allenfalls die Nagelschmiede davon existierten schon viele in der Gegend. Die meisten standen im Ostrachtal. An allen Flüssen und Bächen drehten sich Wasserräder, trieben Hammerschmieden an, Sägewerke und Mühlen. Auch in Staufen, an der Weißach. Die kleinen Nagelschmieden wie seine eigene, die ohne Wasserkraft auskamen, waren für viele Bauern das einzige Zubrot.

Die Familientradition auf dem Bleilehof hatte eigene Gesetze, die nicht immer der verbrieften Landesordnung entsprachen. Der Erstgeborene lernte Bauer und Nagelschmied und übernahm den Hof. Weil die Einkünfte nur für einen reichten, hatten die später Geborenen das Nachsehen. Es blieb ihnen keine andere Wahl, sie verdingten sich als Tagelöhner, Mägde oder Knechte bei Nachbarn, im Dorf oder gar in der Fremde. Einige hofften auf eine Existenz jenseits der Meere wie viele andere, die das Wagnis der gefährlichen Überfahrt auf einem Segelschiff auf sich nahmen und in die Vereinigten Staaten von Amerika oder nach Südostasien auswanderten.

Vor fünf Jahren hatte Johannes den Hof und die Schmiede von seinem auf den Tod erkrankten Vater Josef übernommen. Drei Jahre später war der Vater gestorben, mit nur einundfünfzig Jahren. Sein jüngster Bruder Franz Josef geriet im vorigen Herbst in Kempten in die Hände preußischer Werber und verdingte sich mit seinen knapp achtzehn Jahren zum Militärdienst. Preußens Königin Luise brauchte Soldaten. Was sonst sollte sie dem verhassten französischen Eroberer entgegensetzen.

Die Familiengeschichte reichte weit zurück. Im Jahre 1679 verzeichnete das Staufner Kirchenregister den ersten Bleile. Josef, der Nagelschmied. Er wurde 105 Jahre alt! Niemand in der Gegend war jemals so alt geworden. Er soll sich aufs Gesundbeten und Hexerei verstanden haben, sagten die Leute, die großen Respekt vor dem Alten hatten. Nur Mutter Magdalena, die ihn noch gekannt hatte, als sie ein junges Mädchen war, wusste es besser. Josef von der Nagelschmiede war weder ein Hexer noch ein Zauberer gewesen. Er heilte schlicht und einfach nur mit Wasser.

Noch mit über achtzig Jahren zog der alte Nagelschmied durch die Bauernmärkte des nahen Bregenzer Waldes. Solide Handwerker, besonders die Schuster und Schreiner, schätzten die guten Nägel aus der Hinterstaufner Schmiede. Erst als er seine dritte Frau, die viel jüngere Elisabeth Prinz, kennen lernte und heiratete, bezog er eine Austragswohnung im Flecken.

So weit es Johannes zurückverfolgen konnte, war der Urahn ein Sproß aus einer der Familien, die vor langer Zeit aus der Ulmer Gegend ins Allgäu kamen und über Generationen hinweg Eisenwerke in Blaichach, Hindelang und Sonthofen betrieben. Aber nicht nur das Erzvorkommen verringerte sich, auch das Brennholz für die Öfen wurde knapp. Das einst für seinen Waldreichtum bekannte Allgäu war kahl rasiert wie ein Kinn, auf dem nur noch einzelne Stoppeln wuchsen.

Als die Aufträge immer spärlicher wurden und das Vermögen der Erzleute dahinschmolz, kam ein dringender Aufruf des Landesherren wie eine Erlösung. Bauern und geschickte Handwerker waren gefragt. Sie sollten neues Leben in die verödeten Dörfer bringen, die durch Kriegswirren und schreckliche Seuchen ausgeblutet waren. Der Landesherr bot einzelne Gehöfte zu günstigen Konditionen an. Aus den entlegensten Gegenden, vor allem aus Tirol, aus der Schweiz und sogar aus dem Elsass folgten hoffnungsvolle Siedler diesem Ruf. Josef Bleile erhielt das

Anwesen auf der Wasserscheide und heiratete Maria Höß aus Hinterreute. Bauernknechte aus Tirol und dem Etschland siedelten sich in der Nachbarschaft an, heirateten nach Salmas und Lamprechts.

Ein herzzerreißendes Stöhnen und kurz darauf laute Schreie rissen Johannes jäh aus seinen Gedanken. Er stolperte in den Gaden.

Creszentia lag totenblass in den Kissen. Das Kind war da. Die Hebamme hatte die Nabelschnur abgetrennt. Alle warteten auf den ersten Schrei, aber trotz sanfter Schläge auf alle Körperteile hörte man nur ein schwaches Röcheln. Der ganze Körper nahm eine blass bläuliche Färbung an.

„Es bekommt keine Luft", flüsterte Magdalena. Sie wusste, was es bedeuten konnte. Fünf Kinder hatte sie geboren, eins davon war tot.

„Tu etwas", schrie sie die junge Hebamme an, doch die war ratlos. Der Stadtphysikus hatte bei der Ausbildung die Notfälle nur am Rande erwähnt.

Die junge Hebamme stand da wie angwurzelt. Schließlich löste sich Magdalena aus der Erstarrung.

„Holt sofort Wasser vom Brunnen und bringt heiße Tücher!", rief sie. Johannes stürmte blitzschnell nach draußen. Es schneite dicke Flocken. Das Wasser im Trog war eisig, aber zum Glück nicht gefroren.

Magdalena spülte den Körper des Kindes mit warmen Wasser ab und tauchte es danach bis über den Kopf ins eisig kalte Brunnenwasser. Im Schock öffnete das Kind den Mund. Dünner Schleim, der wohl die Atemwege blockiert hatte, rann über seine Lippen. Die Brust entspannte sich. Wie durch ein Wunder erschien auf der blassen Haut ein rosafarbener Hauch. Es folge ein lauter Schrei, der in kräftiges Weinen überging.

Die Hebamme vollendete ihr Werk, nahm die heißen Tücher, rieb den Knaben damit trocken und schnürte alles zu einem festen Bündel.

Jetzt erst erwachte Creszentia aus ihrer Ohnmacht. Sie drückte ihren Erstgeborenen an sich. Von dem sich anbahnenden Unglück hatte sie nichts bemerkt.

„Joseph", sagte sie und ihre Stimme war ganz zart. „Lieber kleiner Joseph, willkommen auf dieser Welt."

Corneli stand in der Türe. Er hatte das Geschehen mit offenem Mund verfolgt. Schließlich traute er sich näher heran und betrachtete neugierig seinen Neffen. Magdalena kramte eine Flasche mit Weihwasser heraus, welches der Pfarrer wenige Tage zuvor am Fest der Heiligen drei Könige gesegnet hatte. Sie besprengte alles und machte das Kreuzzeichen.

„In der höchsten Not ist mir unser Urahn Josef und eines seiner Geheimnisse um das Wasser eingefallen" sagte sie erleichtert. „Er hat geholfen. Ich werde zu seinem Seelenheil einen Rosenkranz beten, fünf Mal das Vaterunser, zehn Ave Maria und noch öfter die schmerzreichen, freuden- und glorreichen Geheimnisse der Erlösung anrufen."

Die Sorgen, die eben noch so drückend erschienen, waren durch das Wunder dieser Geburt verschwunden. Im Augenblick waren alle glücklich in ihrer kleinen Welt. Johannes empfand plötzlich ein tiefes Glücksgefühl. Der Erstgeborene war da und würde, wenn seine Zeit gekommen war, den Hof und die Nagelschmiede übernehmen wie es die Tradition der Vorfahren seit Generationen verlangte.

3. Die Wassergeister

Die Reise im Stellwagen von Kempten nach Immenstadt verlief ohne Zwischenfälle. Es dämmerte bereits, als der von Bleile vorausbestellte Extrawagen des Staufner Postexpeditors Keck mit lautem Poltern der mit Eisenbändern bereiften Räder über das Immenstädter Pflaster in Richtung Staufen ratterte.

Auf der Anhöhe von Bühl kam kurz nach den Lorettokapellen der Alpsee in Sicht. Die Hütten der Fischersleute spiegelten sich im glatten, blaugrünen Wasser. Aus den Kaminen quoll der Rauch, kleine Kinder spielten mit Hunden und Katzen vor den Haustüren. Es war ein friedliches Bild. Im Dunst der Ferne ahnte man das heimatliche Konstanzer Tal.

Am jenseitigen Seeufer war ein frisch aus groben Steinblöcken aufgeschütteter Damm zu sehen. Dort zog die neue Bahntrasse ihre Spur. Tag und Nacht wurde ohne Unterbrechung gearbeitet, um den von der Eisenbahngesellschaft gesetzten knappen Zeitplan für die Fertigstellung der Trasse bis Lindau einhalten zu können.

Entlang der Trasse standen in großen Abständen hohe Gerüste, an deren Spitze sich aus Eisen geflochtene Körbe befanden. Nach und nach wurde in diesen Körben ein Feuer entzündet, das als Beleuchtung diente. Die Schatten der Arbeiter, die ihre Spitzhacken in den Schotter gruben und mit Schwellen aus Eichenholz beladene Loren vor sich herschoben, wirkten im dämmrigen Licht der untergehenden Sonne fast gespenstisch. Als die Extrapost den Teufelssee erreichte, wurde es dunkel. Im tiefschwarzen Wasser funkelten die Feuerbälle wie eine Lichterkette.

Die Wassergeister feiern ein Fest, dachte Bleile. Und unversehens war er mit seinen Gedanken in der Kindheit. So weit seine Erinnerung zurück reichte, besaß für ihn das Wasser magische Kräfte, zog ihn an wie ein Magnet die Eisenspäne.

„Geh nicht so nah an den Bach, du fällst hinein und ertrinkst", mahnte Großmutter Magdalena unermüdlich, aber meist vergeblich. Der älteste

Enkel bereitete ihr große Sorgen. Er schien kein normales Kind zu sein wie seine jüngeren Brüder, zum einen der Johann Nepomuk, der ein Jahr später zur Welt kam, zum anderen der Franz Xaver, die beide am liebsten auf dem Hof herumtollten und die Geißen am Schwanz zogen.

Joseph baute sich seine eigene Welt, die voll war von Geheimnissen und natürlich nur im Wasser spielte. Er beobachtete die Wasserpflanzen, wie sie sich elegant in der Strömung wiegten, Kaulquappen und winzige Fische, die ihren Eihäuten entschlüpften und mit raschen Schlägen der durchsichtigen Schwanzflossen wie Pfeile umher schossen. Oder, noch viel schöner anzusehen, Libellen mit stahlblau schimmernden Flügeln, die blitzschnell die gekräuselte Oberfläche des Teiches auf ihrer verwegenen Jagd nach Mücken und Wasserläufern kreuzten.

So kam es, dass sich die Großmutter wirklich keinen Rat mehr wusste und ihren zweitältesten Sohn Corneli zu Hilfe rief, der als Pate und Onkel in seinen Neffen vernarrt war und ihn über Gebühr verwöhnte. Aber Joseph hörte wenigstens auf ihn.

Immer wieder bedrängte Joseph seinen Onkel, ihm die Geschichte zu erzählen. Corneli hatte sie eigentlich als Abschreckung erfunden und keiner konnte ahnen, dass dadurch alles viel schlimmer wurde.

„Vor mehr als tausend Jahren", erzählte Corneli, „gehörten alle Brunnen, Bäche, Flüsse und Seen den Wassergeistern. Geheimnisvolle, fast durchsichtige Wesen die den Göttern sehr ähnlich waren. Wenn Menschen und Tiere ans Ufer kamen, fühlten sie sich gestört, wurden böse und zogen sie mit sich in die Tiefe. Sie straften die Menschen auch mit furchtbaren Unwettern und Überschwemmungen, die ganze Häuser und Dörfer samt Vieh und Leuten verschlangen. Und im Teufelssee wohnt heute noch eine böse Zauberin. Tief unten im Wasser hat sie ihren Palast, umgeben von wunderschönen Blumengärten. Jedes Jahr gibt sie für die Wassergeister ein Fest. Man hört dann aus der Tiefe Stimmen und Musik. Für kleine Kinder backt sie feinen Kuchen, lockt sie damit ans Ufer und sobald sie in ihrer Gewalt sind, werden sie in scheußliche

Gestalten verwandelt, die für immer dort bleiben und ihr zu Diensten sein müssen."

„Eine wunderschöne Geschichte, Onkel. Und woran erkenne ich die Wassergeister?" Was dieses Kind für Fragen stellen konnte!

„Du siehst nur feine Luftbläschen, die wie Perlenschnüre an die Oberfläche steigen. Das ist der Atem der Wassergeister. Wenn es atmet, ist das Wasser gut, es lebt."

Ein anderes mal führte ihn Corneli mit seinem Fuhrwerk zu einer steilen Anhöhe, zum Hochsträß, die zwischen Kalzhofen und Buflings lag. Die Fuhrleute hatten keinen Blick für die herrliche Gebirgskulisse und den Marktflecken Staufen, der malerisch zu ihren Füßen lag. Sie waren froh, dass die Pferde die unmenschliche Steigung geschafft hatten und eine Quelle vorfanden, an der sie trinken konnten. Auch Wanderer nutzten die Erfrischung. Corneli hatte wie immer eine Erklärung.

„Sieh her, Joseph, die Quelle ist ein Wunderwerk der Natur, ein ewiger Kreislauf. Wie du weißt, fällt der Regen aus den Wolken auf die Erde. Das Wasser dringt ins Erdreich ein und sickert oft viele Jahre lang abwärts durch die tiefen Gesteinsschichten, später auch durch unterirdische Gänge und Höhlen, ehe es an einer anderen Stelle wieder zu Tage tritt. Dann ist das Wasser anders als am Beginn seiner Reise, nicht mehr so leicht wie als Regen, sondern schwerer. Es hat Kräfte und Nachrichten aus der Unterwelt in sich aufgenommen. Wer das Wasser achtet, kann die Botschaft hören, die es an uns Menschen, an Tiere und Pflanzen weitergeben möchte, ehe es verdunstet und wieder zu Regen wird. Wenn du genau hinhörst, kannst du die Stimme der Quellen hören."

„Ich höre nur ein Murmeln", sagte Joseph. „Aber ich sehe eine Quelle und viel Wasser, das sich in zwei Richtungen teilt."

„Das Wasser rinnt in dieser Richtung den Berg hinunter", sagte Corneli und deutete mit der ausgestreckten Hand nach Süden. Joseph hielt die Hand vor Augen, denn die Sonne stand direkt über dem Staufner Kirchturm und blendete ihn. Es schmerzte. Mit seinen Augen schien etwas nicht in Ordnung zu sein.

„Dann macht das Bächlein, der Seelesgraben, einen weiten Bogen durch das Dorf nach Norden, gelangt in die Argen, in den Bodensee und später in den Rhein. Der mündet in die Nordsee. Der zweite Abfluss, den du hier siehst, läuft nach Kalzhofen hinunter. Er fließt nach Osten durch das Wengener Tal, bei Hinterstaufen nahe bei deinem Elternhaus in die Konstanzer Aach, dann in den Alpsee, von dort in die Iller und später in die Donau. Aus dem Rhein und der Donau werden später mächtige Ströme. Große Schiffe bringen Menschen und Waren bis nach Wien und noch viel weiter nach Pest, ins ferne Ungarn."

In diesem Augenblick beschloss Joseph, später einmal alle diese Flüsse zu bereisen. Auch die fremden Städte und Länder wollte er kennen lernen.

Als der Joseph so groß gewachsen war, dass er der Blässe, der besten Milchkuh im Stall, direkt in die sanften Augen blicken konnte, holte ihn der Ernst des Lebens ein. Der Vater verlangte von ihm, die volle Arbeit zu leisten. Das hieß, im Wurzgarten Unkraut zu jäten, Pflänzchen umzusetzen, den Hennenstall auszumisten, im Bienenhaus nach dem Rechten zu sehen, die Kühe zu melken und im Feld, auf dem Acker, im Wald und auf der Alpe zur Hand zu gehen. Aus dem kargen Ackerboden hinter dem Haus galt es, störende Gesteinsbrocken zu entfernen.

„Herrgottszement," nannte der Vater diese Steine, aus dem die Berge um das Haus bestanden und den Bauern das Leben schwer machten. Corneli und später auch der Lehrer sagte, das sei Nagelfluh und wäre aus dem Gestein der Urberge entstanden, die von mächtigen Flüssen abgetragen wurden. Dann, als die Erde sich faltete, wären daraus unsere Berge entstanden. Die Mutter dagegen behauptete, der liebe Gott hätte das Gestein aus Geröll, Sand und Zement selbst gemischt. Johannes dagegen verfluchte die Steine auf seinen Feldern und seinen Sprössling dazu.

„Herrgott Sack Zement", fluchte er mehrmals am Tag, „es ist zum aus der Haut fahren mit dem Joseph, der hat zwei linke Hände und nur Stroh im Kopf." Grimmig warf er einen Stock oder was er sonst gerade zur

Hand hatte nach seinem ungeratenen Sohn. „Es wird Zeit, dass er in die Schule kommt und andere Seiten kennen lernt!"

Das einzige, wozu das Kind taugte, war als Hütebub auf der Weide. Da konnte er ungestört durch die Bäche waten, den Wolken nachschauen und mit den Kühen und Geißen reden. Mutter Creszentia dagegen war stolz auf ihren Erstgeborenen und ließ im alles durchgehen.

„Lass den Buben, Johannes", sagte die Mutter stets beschwichtigend, „lass ihn träumen. Aus dem wird eines Tages etwas ganz Besonderes, ich weiß es."

Zum Glück erwiesen sich die Brüder als geschickte Hilfskräfte. Man sah es an der Art und Weise, mit der sie die Werkzeuge handhabten. Im Gegensatz zu Joseph wurden sie vom Vater nur gelobt. Und so kümmerte es niemanden mehr, wenn der kleine Joseph plötzlich verschwunden war.

Weit kam er nicht. Nach Süden erstreckte sich vor dem Haus ein schmaler, mit kümmerlichen Obstbäumen bestandener Anger, die Buind. Danach kam ein steiler Abhang, in dessen Mitte sich die Wege von Hinterstaufen und Ifen her zu einem Fahrweg vereinigten, der über Bad Rain nach Staufen führte.

Im Talgrund hauste der Nachbar Keller, der mit Frau und einigen Töchtern auf seinem Hof eine Schankwirtschaft betrieb und dazu ein kleines, quer über den Bach gebautes Badehäuschen. Die schmalen Bottiche, die als Wannenbäder dienten, wurden über hölzerne Wasserleitungen von einer kalten Schwefelquelle gespeist, die auf halber Hanghöhe entsprang.

Jeder, der vorbei kam, hielt sich rasch die Nase zu. Das Wasser roch nach faulen Eiern.

Aber es gab Leute, die diese Bäder trotz des Geruchs aufsuchten. Sie kannten die heilsame Wirkung des Schwefels und erhofften sich im Wasser Heilung von Ausschlägen und Geschwüren.

Bei Monika, der jüngsten der vier blonden Töchter des Rainwirts, die in seinem Alter war, machte sich Joseph mit seiner hilfreichen Art rasch unentbehrlich. Bald durfte er den Badegästen zur Hand gehen, musste Badekleider und trockene Tücher bereit halten. Meist wurden die Kinder damit beauftragt, die abgelegte Kleidung zu bewachen, weil man vor Landstreichern, Haustieren und sonstigem Gesindel wie Lumpen- oder Knochensammlern niemals sicher war.

Für diese Handreichungen gab es manchmal ein Trinkgeld, einen Kreuzer oder gar mehr. Aber es kamen nicht nur die gewöhnlichen Leute, Mägde und Knechte oder Bauern aus der Umgebung, die man kannte. Ab und zu waren feine Leute darunter. Männer und Frauen mit Kleidern aus kostbaren Stoffen und golden glänzenden Schnallen an den Lederschuhen. Die Frauen hatten blitzende Ringe an den Fingern und Perlenketten um den Hals. Oft rauchten die Männer dicke Zigarren und stanken scheußlich nach Rauch. Die Frauen rochen besser, anders. Das sei Parfüm, belehrte Monika die staunenden Kinder. Manche Leute blieben sogar für etliche Tage in einer der bescheidenen Kammern des Gasthofs. Sie kamen wohl von weit her, denn Joseph konnte ihre Sprache nur schwer verstehen.

„Die kommen aus den Städten, aus Immenstadt und sogar aus Kempten", plauderte Monika, die dem Josef auf Schritt und Tritt wie ein Küken der Henne folgte.

„Dort gibt es Schlösser, in denen Fürsten und Bischöfe wohnen und die Häuser sind alle aus Stein gebaut. Nicht nur alte Holzhütten wie bei uns."

Als ihm einmal ein solcher Badegast aufmunternd zunickte, raffte Joseph all seinen Mut zusammen, setzte sein gewinnendstes Lächeln auf und fragte keck, wie er es denn anstellen müsse, um reich zu werden und in einem Steinhaus wohnen zu können. Der beleibte Herr, der mächtig wie ein Felsblock vor ihm aufragte, musterte ihn lange von oben herab durch geschliffene Brillengläser und sagte nur ein Wort.

„Schaffe!"

Erst als er das den Tränen nahe Unverständnis in den Kinderaugen sah, wurde er gesprächiger.

„Merke es dir gut, Kleiner", sagte er bedächtig und Joseph wunderte sich, warum er plötzlich jedes Wort verstand. „Bleibe ehrlich, lerne fleißig in der Schule und spare jeden Kreuzer. Aus Kreuzern werden Gulden. So viele, dass es für ein Steinhaus reicht. Und verliere niemals dein Ziel aus den Augen."

Was der Mann sagte, gefiel Joseph sehr. Der Kreuzer, den er als Belohnung erhielt, wanderte sofort zu den anderen in den Sparstrumpf.

„Reich will ich werden wie dieser Mann und ein Badehaus bauen, größer als eures, ganz aus Stein. Darin werden wir beide wohnen", flüsterte er Monika ins Ohr.

Sie lächelte und ihr weiches blondes Haar wehte im leichten Sommerwind. Ihre blauen Augen strahlten voller Bewunderung.

Niemals würde er diesen Blick vergessen, obwohl seitdem so viele Jahre ins Land gegangen waren.

„Thalkirchdorf", rief der Schwager laut vom hohen Kutschbock herunter und blies schrecklich laut in sein Horn. Jetzt sind wir bald in Staufen, dachte Bleile.

Den Kirchturm der ehrwürdigen Pfarrkirche St. Johann im Tal konnte man vom Elternhaus her sehen, wenn man in der Tenne eine nicht ungefährliche Sprossenleiter hoch kletterte und ein durch Spinnweben und Heustaub blind gewordenes winziges Fenster öffnete. Noch besser war die Aussicht, wenn man zur Alpe hinauf kletterte, die nicht weit vom Elternhaus entfernt war. Da lagen die Kirche und die spärlichen Gehöfte der sieben Dörfer wie Spielzeug im weiten Wiesengrund, durch den sich die Konstanzer Aach zum fernen Alpsee hinaus schlängelte.

Das Tal war ein Teil seiner Kindheit. Oft ging er an der Hand der Mutter den Weg am Bach entlang durch die Wiesen, auf denen im Sommer die Kühe, Schafe und Ziegen weideten und durch karge Äcker, auf denen Hafer, Gerste, Kartoffeln und Flachs angebaut wurden. Besonders angetan hatte es ihm in der Kirche das schlichte schmale Sakramentshäuschen mit der eisernen Gittertüre an der Chorwand des kühlen

Kirchenschiffs. Auch das Jesuslein im Arm der Muttergottes musste er jedes mal anschauen, weil es so unendlich behütet wirkte.

Wie vertraut ihm seine Heimat tatsächlich war, kam Joseph erst zu Bewusstsein, als er viele Jahre später, von München kommend, zum ersten Mal die weiten grünen Isarauen mit ihren Quellen und mittendrin den barocken Zwiebelturm der Kirche von Maria Thalkirchen erblickte. Thalkirchdorf, Thalkirchen. War es nur die Ähnlichkeit der Namen oder mehr? Schicksal oder göttliche Fügung? Aber welch ein Unterschied. Daheim die fast nüchterne Dorfkirche und in Thalkirchen eine barocke Pracht, in der Marmor, Stuckatur und funkelndes Gold einen wahren Rausch an Formen und Farben entfachten.

In Thalkirchen stand nun ein stattliches Steinhaus, seine Badeanstalt, von der er immer geträumt hatte. Monika würde Augen machen. Ein weitläufiger, mit Bäumen bestandener Park, gesunde Luft und ein mildes Klima, kristallklare, ergiebige Quellen, in denen der Atem der Wassergeister perlte. Und im Hintergrund, gleichsam als Kulisse, die pulsierende, unvergleichliche Stadt München, Residenz des Königs von Bayern, ein Symbol des Fortschritts.

Wie klein und ärmlich war dagegen seine Heimat. Aber schließlich waren hier seine Wurzeln, hatte alles begonnen. Vieles von dem, was ihm widerfuhr und das er zunächst Schicksal und später göttliche Fügung nannte, ordnete sich fast von selbst wie Steine eines Mosaiks zum unten Kaleidoskop seines Lebens.

4. Professor Oertel

In der Weinstube „Zum schwarzen Bock" inmitten der vom Mittelalter geprägten fränkischen Stadt Ansbach gab es ein kleines, aber gemütliches Nebenzimmer. Hier war das Refugium des „Hydropathischen Central- und Gesundheitsvereins in München und Ansbach". Ein vornehmer Zirkel unter der Leitung der Professoren Oertel, Kirchmayer, von Schlemmer und weiterer höchst gelehrter Persönlichkeiten traf sich dort mehrmals im Jahr, um das Verlagsprogramm festzulegen. Oertel war Verleger der regelmäßig erscheinenden Hefte „Die neuesten Wasserkuren", gab Bücher, Broschüren und „Zeitbedürfnissschriften" heraus, die sich als „Wegweiser der Gesundheit" verstanden und vorwiegend an das Laienpublikum gerichtet waren. Wissenschaftlich untersucht wurden auch die Wirkungen von „Gesundbrunnen" und sonstigen „Mitteln zur Verlängerung des Lebens". Großen Wert legte man auf praktische Erläuterungen über „die Anwendung und Wirkung des frischen Wassers als bestes Diät- und Heilmittel".

Professor Eucharius Oertel, Doktor der Philosophie, war von Haus aus Gymnasiallehrer für Sprachen und Geschichte. Seine ganze Leidenschaft widmete er in seinen reifen Lebensjahren jedoch der Wasserheilkunde. Im Alter von siebzig Jahren unternahm er gemeinsam mit dem königlichen Oberhofmeister Graf von Rechberg und Rothenlöwen, einem begeisterten Wasserfreund, auf Empfehlung des Bayerischen Königs die beschwerliche Reise nach dem fernen Gräfenberg im schlesischen Altvatergebirge, um sich bei dem von ihm hoch verehrten und mit allen Mitteln propagierten Vinzenz Prießnitz persönlich über dessen weltberühmte Wasserkur zu informieren.

Er war es auch, der 1804 in einem Antiquariat die schon vor hundert Jahren gedruckte, fast vergessene Schrift über die „Wirkungen des frischen Wassers" der „Schlesischen Wasserhähne", der Doktoren Siegmund und Johann Siegmund Hahn aus Schweidnitz entdeckte. Er kannte die

Bedeutung der Schrift für die Volksgesundheit und brachte später eine Neuauflage heraus, die er dem Bayerischen Königshaus widmete.

Der Zirkel war zu seiner letzten Sitzung des Jahres 1837 zusammen getreten. Noch zwei Wochen und man feierte das Weihnachtsfest. Draußen war es der Jahreszeit entsprechend nass und kalt, ein Grund mehr, um am warmen Kachelofen zusammen zu rücken. Die freundliche Wirtin mit ihren zu einem französischen Zopf geflochtenen Haaren füllte unermüdlich die Krüge mit köstlichem Frankenwein. Schon nach kurzer Zeit waren sich alle darüber völlig einig, dass nicht nur im Wasser, sondern vor allem im Wein heilsame Kräfte schlummerten.

„Ich sag schon mal gute Nacht", begann Professor Oertel seine Ansprache und meinte damit natürlich wie immer nicht das Ende, sondern den Anfang seiner Ausführungen.

„Wie sie alle wissen", fuhr er mit scharfem Blick auf seine Zuhörer fort, „war ich im vergangenen Jahr höchst persönlich bei unserem Freund Prießnitz und konnte dessen Prozeduren vortrefflich studieren. Seine Majestät, unser hochedler König Ludwig, weiss sehr wohl um die Qualitäten der Wasserkuren und wünscht, dass dieselben auch im Königreich Bayern angesiedelt werden."

Oertel wartete geduldig, bis sich der Kollege Kirchmayer, ein Mediziner, umständlich eine dicke Zigarre angezündet hatte.

„Vor einigen Jahren, ihr erinnert euch, nach meinem Aufruf an alle deutschen Regierungen, überall im Lande die Wasserkur einzuführen und Kuranstalten zu errichten, haben wir den in der Wasserkur bewanderten Schustergesellen Friedrich Schatz aus Kleeberg bei Leipzig entdeckt und ihn nach Gräfenberg geschickt. Er war so erfolgreich, dass er später in seiner Heimat viele Heilungen durchführte. Leider wurde er inzwischen der Pfuscherei angeklagt und gerichtlich belangt. Deshalb haben wir beschlossen, uns nach weiteren geeigneten Individuen umzusehen, die sich, gestützt auf ihre eigenen laienhaften Erfahrungen, mit der Wasserheilkunde beschäftigen. Es muss unsere vornehmste Aufgabe bleiben, neue Talente zu entdecken, um der Heilmethode durch kaltes

Wasser kräftig Vorschub zu leisten und sie in unserem Vaterland heimisch zu machen."

Oertel, der sich insgeheim selbst zu seiner geschliffenen Rede gratulierte, legte eine Kunstpause ein und trank einen kräftigen Schluck aus seinem Glas. Alle Anwesenden kannten Oertel und seinen kritischen Geist, der keinen Widerspruch duldete. Das hohe Alter hatte sein angeborenes cholerisches Temperament und damit seinen Jähzorn, den seine Schüler über alles fürchteten, noch verschlimmert.

„Auf meinen erneuten Aufruf hin in unserer Zeitschrift ‚die neuesten Wasserkuren' ist unter einigen anderen, allerdings unbedeutenden Bewerbungen, eine mehr als interessante Meldung eingegangen. Zunächst kam ein langer Brief eines jungen Geistlichen, eines Kaplans aus Missen. Das ist wohl ein winziges, unbedeutendes Bauernnest irgendwo im Allgäu. Aber stellt euch vor, sogar dort liest man unsere Schriften! Der Kaplan empfahl uns einen anscheinend fähigen jungen Naturburschen, wohl ohne höhere Bildung, der beim Zustandekommen des dortigen Hydropathischen Vereins begeistert mitwirkte und sich, man höre und staune, durch eigene sensationelle Heilungen von Mensch und Tier in der Bevölkerung schon seit Längerem einen Namen gemacht haben soll. Er verteilt sehr eifrig unsere Schriften und wirbt für unser Gedankengut. Ich habe den Geistlichen daraufhin aufgefordert, der Wunderknabe möge seine Bewerbung einreichen. Und dieselbe ist nunmehr eingegangen."

Oertel machte eine lange Kunstpause und weidete sich an den verblüfften Gesichtern seiner Freunde.

„Hören Sie auf mit dieser entsetzlichen Folter, werter Kollege", rief Professor Kirchmayer schließlich unter dem Beifall der anderen Herren. „Sagen Sie uns schon, wer und was ist dieser Kerl, wie heißt er?"

„Er heißt Joseph Bleile, Sohn eines Bauern und Nagelschmieds aus Hinterstaufen, einem zum Markt Staufen gehörigen Weiler im besagten Allgäu im bayerischen Land Schwaben", sagte Oertel bedächtig. Auch darunter konnte sich niemand etwas vorstellen. Obwohl er die Enttäuschung seiner Partner bemerkte, machte er ungerührt weiter.

„Ein approbierter Badegeselle, er steht im vierunddreißigsten Lebensjahr. Ich habe hier Zeugnisse vorliegen, sehr gute übrigens, wonach Bleile die gewöhnliche Schulanstalt sowie Sonn- und Feiertagsschule in Staufen besuchte und dabei nicht nur Talente zeigte, sondern sich auch durch großen Fleiß und tadelloses Betragen auszeichnete. Später kam er zu dem in Staufen ansässigen Chirurgen Johann Nepomuk Lau in die Lehre. Nach drei Jahren als Lehrling und drei weiteren Jahren als Gehilfe erhielt er im Jahre 1835 vom Landgericht Immenstadt die Bewilligung, in Staufen die so genannte niedere Baderei unter Aufsicht eines Arztes auszuüben. Aber aus mehreren Gründen ging er schon im März 1836 nach dem besagten Missen. Dort machte er sich mit behördlicher Genehmigung selbstständig. Er begnügte sich nicht mit den einem Bader zustehenden Tätigkeiten wie das Scheren der Haare, Zähne ziehen, Rasieren und allenfalls Schröpfen und Aderlass. Er setzte, wie ich hörte, ziemlich erfolgreich eine von ihm erfundene und erprobte Methode der Wasserkur fort, mit der er schon während seiner Ausbildung in Staufen Menschen und Tiere behandelt hatte. Worüber ebenfalls Zeugnisse vorliegen."

„Welche eigene Methode?", hakte Kirchmayer nach. „Ich denke, er verfährt nur nach unseren Schriften, die er dort verteilt?"

Warten Sie doch ab, bis ich alles erklärt habe", erwiderte Oertel mit einer unwirschen Kopfbewegung. „Er hat eine eigene, ich möchte fast sagen, eine eigentümliche Methode erfunden."

Oertel genoss sichtlich den Anblick seiner Kollegen, die mit offenem Mund dasaßen und das Trinken vergaßen. Auch die Zigarre war ausgegangen.

Zeugnis von Pfarrer Waldvogel für Joseph Bleile (Abschrift von 1838)

„Im jugendlichen Alter von siebzehn Jahren, lange nachdem er auf dem elterlichen Bauernhof als Hirtenjunge das Vieh hütete und dem Vater in der Nagelschmiede half, geriet er nach eigener Aussage durch einige unglückliche Umstände in ein liederliches Leben, trank Unmengen an Bier und kam so auf die schiefe Bahn. Er erkrankte sehr schwer am Rotlauf, der unbehandelt zu einem Augenleiden und einem offenen Fuß führte. Daran litt er bis zu seinem dreiundzwanzigsten Lebensjahr. Auch von der Militärpflicht wurde er freigesprochen. Doch nachdem er rein zufällig öfter in einem Teich gebadet und nur noch kaltes Wasser getrunken hatte, fühlte er, wie sich sein Zustand besserte. Er maß dem zunächst keine besondere Bedeutung bei. Drei Jahre später, als er durch glückliche Umstände seinen Lebenswandel ändern konnte und zu einem Bader und Wundarzt in die Lehre kam, lernte er, wie wenig Arzneien und Salben bewirken. Unsere Schriften, die sein Lehrherr ihm überließ, öffneten ihm die Augen und er besann sich auf seine eigenen guten Erfahrungen mit kaltem Wasser. Er kurierte sich vollständig aus und trank fortan keinen Schluck Alkohol mehr."

Oertel ignorierte die irritierten Blicke der Zuhörer, als die Wirtin ausgerechnet in diesem unpassenden Moment eine neue Runde kredenzte und dazu weise bemerkte, wie köstlich und gesund doch gerade der Frankenwein sei, eine wahre Gabe Gottes.

„Ich bin überzeugt", sagte Oertel überschwänglich, „wir könnten mit Bleile eine neue Epoche der Wasserheilkunde einleiten. Er ist ohne Zweifel ein Naturtalent. Der Geistliche bestätigte mir, wie frappierend seine überaus schnelle Erkenntnis der Krankheit ist. Auf der Stelle weiß er, in welchem Grad er die Schwer- oder Minderkranken behandeln muss. Am liebsten übernimmt er ganz aufgegebene Kranke und bestimmt sehr umsichtig, selbst im kritischsten Fall, die Anwendung der Mittel. Hauptsache bleibt das Wasser, die innere und äußerliche Reinigung und Stärkung. Stufenweise geht er von sanften zu stärkeren Anwendungen über und rettet damit Menschenleben, sogar Todgeweihte."

Professor Oertel ließ sich durch das Kopfschütteln der Anwesenden nicht beirren.

„Ihr erlaubt mir, dass ich weiter aus dem Bewerbungsbrief zitiere. Bleile schreibt, das Bemerkenswerte seiner Kurart ist, dass der Kranke selbst die Kur in seinem Zimmer anwenden kann, wodurch vieles erleichtert wird. Man spart sich die Reise in eine Wasserheilanstalt und kann sie sogar im Krankenhaus ausüben."

Die ungläubigen Mienen seiner Zuhörer beflügelten Oertel, seine Schwärmerei für diesen anscheinend Wunder wirkenden Bleile noch zu verstärken.

„Im Gegensatz zu Prießnitz, der es ablehnt, zu viel Wasser zu trinken, behauptet Bleile das Gegenteil und stimmt damit sogar mit unserer Auffassung überein, man höre! Bleile vergleicht den Kranken mit einem brennenden Feuer. Nimmt man zur Löschung nur wenig Wasser, sagt er, so wird es zwar Funken spritzen, aber niemals erlöschen. Nimmt man dagegen eine große Menge Wasser auf einmal, wird das Feuer bald gedämpft. Oder man nimmt ein verhärtetes Stück Leder und legt es täglich nur kurz in frisches Wasser. Es wird nie weich. Wenn man es lange Zeit liegen lässt, weicht es auf. Oder man versucht, ein unreines Stück Wäsche nur mit wenig Wasser zu waschen. Es wird niemals rein. Viel Wasser dagegen bewirkt die vollkommene Reinigung. Deshalb empfiehlt Bleile zunächst unaufhörliches Wassertrinken."

Professor Kirchmayer verzog das Gesicht zu einer Grimasse, strich sich den grauen Bart und nahm demonstrativ einen kräftigen Schluck aus seinem Glas.

„Sitzbäder, wie wir sie empfehlen, lehnt Bleile ab. Bei Unterleibsbeschwerden nimmt er kalte Umschläge und Klistiere. Das Trinken beginnt am Morgen. Dazu muss der Kranke eine Art Diät zu sich nehmen. Es gibt geschälte Äpfel in kleinen Stücken. Wenn es die Jahreszeit erlaubt, kann man auch frische Kirschen, Steinobst oder Erdbeeren nehmen. Das Wasser dient zugleich als Abführ- und Brechmittel. Ersteres erzielt er, indem er in ein halbes Maß Wasser einen kleinen Löffel Salz schüttet, dass man nach der Auflösung trinkt. Als Brechmittel wirkt ein Schoppen lauwarmes Wasser, das unmittelbar nach dem kalten getrunken wird."

„Halten Sie an sich Professor!", tönte es von allen Seiten, „Sie wollen uns wohl auf den Arm nehmen?"

Aber Oertel, von dem jeglicher Zorn gewichen war, rieb sich nur vergnüglich die Hände. Jetzt war es an der Zeit, den überheblichen Medizinern eine Lehre zu erteilen.

„Sie leiden an Gedächtnisschwund, liebe Freunde? Denken Sie an den Hufeland! Kein geringerer als er, unser kürzlich verstorbener, von uns allen anerkannt als unantastbarer Lehrer und hoch verehrter Vater der Naturmedizin, kurierte die Schlafstörungen des Dichterfürsten, des geheimen Rates Goethe, ebenfalls mit frischen Herbstäpfeln!"

„Nun ist es aber genug, verehrter Kollege", rief Kirchmayer sichtlich verärgert und musterte die Runde. Alle dachten das Gleiche. Und Doktor von Schlemmer sprach es aus.

„Dieser Bleile mag ein guter Bartscherer sein, aber bei Gott kein Hufeland. Und er wird auch keiner werden! Es würde mich viel mehr interessieren, welche Referenzen dieser Kerl vorweisen kann!"

Oertel war auch darauf bestens vorbereitet.

„Ich habe hier mehr als ein Dutzend schriftliche, fein säuberlich mit Ort und Namen unterzeichnete Zeugnisse", sagte er und nahm einige eng beschriebene Papiere zur Hand. Er schob den goldenen Kneifer auf die Nase.

„Zwei dieser vielen begeisterten Zeugnisse will ich zum Besten geben. Es handelt sich zunächst um die geglückte Kur der Witwe Anna Maria Schneider, Kreuzwirtin zu Missen. Diese arme Frau musste seit acht Wochen das Bett hüten, da sie an einer Geschwulst am Fuß litt, die sich bis zum Knie erstreckte und Tag und Nacht schmerzte. Zwei Ärzte sollen sie gemeinschaftlich behandelt haben und brachten es unglücklicherweise so weit, dass am Ende das gesamte angelaufene Bein unsägliche Schmerzen bereitete und sich das Knie nicht mehr bewegen ließ. Nachdem es der Frau immer schlechter ging, ließ sie unseren Bleile kommen und bat ihn, sie von ihrem Leiden zu befreien. Dieser begann sofort mit seiner Wasserkur und schon in der ersten Nacht konnte die Kranke wieder ruhig schlafen. Nach sieben Tagen marschierte sie schon am Stock umher und die großen Schmerzen waren behoben."

Oertels normalerweise bleiche Gesichtsfarbe rötete sich vor Begeisterung.

„Im gleichen Ort hatte sich der Knecht Josef Berwanger im Winter beim Holz hacken mit einem Beil am Knie verletzt. Trotz Pflaster und Salben wollte es nicht heilen. Im Gegenteil, es wurde schlechter, lief stark an und verursachte große Schmerzen. Bleile machte Umschläge mit Schnee und kaltem Wasser. Nach zwei Tagen ließen Hitze und Geschwulst nach und innerhalb von fünf Tagen war der Kranke vollkommen hergestellt."

„Ihr mögt ja Recht haben, Herr Kollege", sagte Professor Kirchmayer widerwillig. „Entweder ist der Bursche ein Scharlatan oder in der Tat ein neues Talent. Wir sollten es herausfinden."

„Ich denke", antwortete Oertel und zog einen weiteren Brief aus seiner Mappe hervor, „ich denke, dass wir in Bleile einen würdigen Jünger der Wasserheilkunde gefunden haben, den wir für unsere Zwecke gewinnen sollten. Hier schreibt er unter anderem, dass man mit der Natur fehlgehen kann. Wer sie um Hilfe bittet, wird erhört. Mich bezeichnet er als seinen Gönner, als einen Helden, den Erlöser vieler Tausender, die unter dem Druck der Arzneien hätten dahinsterben müssen, wenn ich nicht dieses Band zerrissen hätte. Er schreibt auch, dass es dieser Kaplan in Missen war, der sich die Mühe gemacht habe, ihm einen besseren Unterricht im Schreiben und Verfertigen von Aufsätzen zu erteilen. In Missen hätten sie gemeinsam mit dem Pfarrer einen Hydropathischen Verein gegründet und betreuen derzeit an die fünfzig Mitglieder."

„Bleile hat folgenden Antrag an uns formuliert", sagte Oertel sachlich und doch mit dem allen wohlbekannten Nachdruck in der Stimme, der keinen Widerspruch duldete. „Er wünscht sich ernsthaft, auf einige Zeit in eine Wasserheilanstalt eintreten zu können, um noch besser unterrichtet zu werden, damit er sich in der Folge in seiner Gegend noch mehr Zutrauen verschaffen könnte. Er sagt, man müsse an allen Orten Wasserheilanstalten errichten. Er glaubt auch, in seinen Kenntnissen so weit vorgerückt zu sein, selbst Unterricht in der Wasserheilkunde erteilen zu können, damit diese Wissenschaft und ihre Anwendungen überall in seinem Vaterland eingeführt werden möchte. Seine Triebfeder sei ausschließlich Mitleid und Nächstenliebe und der Wunsch, den Menschen ihre Leiden zu lindern und ihr Leben zu verlängern. Wörtlich schreibt er: Bislang ist mir keine Kur misslungen, Gott hat mir das Wasser gesegnet. Dem Wasser Gottes allein die Ehre."

In das betroffene Schweigen hinein meldete sich wieder Professor Kirchmayer zu Wort, dessen schwärmerische Verehrung für Prießnitz allgemein bekannt war.

„Haben wir nicht in Gräfenberg als großes Vorbild den bescheidenen Bauern Prießnitz, der eigentlich mit nichts als einer Gottesgabe gesegnet ist?", fragte er pathetisch. „Dieses Jahrhundert wird den größten Wohltäter, der je auf der Erde gelebt hat, himmelhoch preisen und würdigen. Es wird den schlichten Bauern höher schätzen als den berühmtesten Eroberer! Geben wir also Bleile mit seinem ebenfalls bäuerlichen Ursprung eine Chance und lassen ihn an die Seite von Prießnitz treten! Ich bin, wie Sie wissen, in die ärztliche Leitung der Ihnen hinreichend bekannten Kaltwasser-Heilanstalt Brunnthal involviert. Der Besitzer, Herr Georg Mayer, sucht nach talentiertem Nachwuchs, nach einem neuen Bademeister."

Oertel hatte richtig kalkuliert, hatte diese erfreuliche Wendung des Gesprächs erwartet, hatte gewonnen. Leutselig winkte er der Bedienung zu und bedeutete ihr, sie möge die Gläser erneut auf seine Rechnung füllen.

„Meine Herren", stellte er fest, „ich darf also abschließend das Ergebnis unserer heutigen Besprechung wie folgt zusammenfassen: Wir wollen es mit dem Bleile versuchen. Ich werde ihn zu mir nach Ansbach einladen, ihn in Augenschein nehmen und prüfen, ob er unser Wohlwollen verdient. Wenn ich zufrieden bin, bringen wir ihn bei Ihnen in München unter, Herr Kollege Kirchmayer. Zunächst als Badediener in Brunnthal. Zweitens werden wir uns dafür verwenden, dass er zu Prießnitz geschickt wird, auch zu Schroth und zu Weiß, um vor Ort die edelsten aller Wasserkuren zu erlernen. Und drittens werde ich dem Thema Bleile und seiner Lehre die nächste Ausgabe unserer Schriftenreihe ‚Die Wasserheilkunde' widmen, die im kommenden Frühjahr erscheint."

Oertel griff nach einem Zettel, auf dem er sich einige Notizen gemacht hatte.

„Ich habe auch schon den Titel: Bleiles wundervolle Heilungen durch Wasser."

„Hoffentlich geht es dieses Mal gut", sagte Professor Kirchmayer zu seinem Kollegen von Schlemmer, als sie aus der überhitzten Weinstube in den eiskalten Nieselregen des Dezemberabends hinaustraten.

„Ich werde der Vorsehung in Gestalt des Heiligen Laurentius eine Kerze stiften. Gebe es Gott, dass wir nicht noch einmal eine blamable Niederlage erleben müssen", antwortete von Schlemmer. Fröstelnd traten sie den Heimweg an.

Bleiles Kaltwasserheilanstalt in Thalkirchen bei München um 1850

5. Staufen

Der Uhrmachermeister Fidel Mahler saß wie fast alle bisherigen Tage seines Lebens auch an diesem sonnigen Herbstmorgen in seiner Werkstatt im Haus Nummer fünfundvierzig an der zum Schlossgebäude hinauf führenden Dorfstraße des Marktes Staufen.

Was ihn vor vielen anderen seines Faches auszeichnete, war eine überragende technische Begabung und ein bewundernswerter Erfindergeist. Sein Vater und Lehrherr, der weithin bekannte Großuhrenmacher, Gerichtsmann und Gemeindevorsteher Franz Josef Mahler, der nun schon zehn Jahre tot war, hatte ihm neben seinem Wissen eine außergewöhnlich reichhaltige Ausrüstung hinterlassen. Werkbank, Regale und Schränke waren gefüllt mit vielerlei Gerätschaften und komplizierten Werkzeugen. Zapfenbohrgeräte, Präzisionsdrehstühle, Zahnradfräsen, Balancewaagen und Ambosse in verschiedensten Größen, Schachteln und Dosen für unzählige Schräubchen, Zeiger, Zifferblätter, Wellen und Zahnräder. Präzise Kleinwerkzeuge, die man zum Zusammenbau komplizierter Uhrwerke benötigte. Silberne und golden glänzende Uhrgehäuse warteten auf den Einbau der fertigen Werke.

Schon früh, im Jahre 1820 auf der Augsburger Industrie Ausstellung, hatte eine Repetieruhr des jungen Meisters großes Aufsehen in der Fachwelt gefunden. Sie zog sich beim Tragen von selbst auf und besaß eine Gangreserve von achtundvierzig Stunden. Auch ein winziges Uhrwerk, nicht größer als ein Ring, kam aus seiner Werkstatt. Der Bischof von Augsburg bestellte daraufhin eine Uhr, die allein durch die Schwankungen des Luftdrucks in Bewegung gehalten wurde.

„Guten Morgen, Fidel", sagte Bleile freundlich und betrat just in diesem Augenblick geräuschvoll die Werkstatt. Er hatte sich im Logierzimmer seines Freundes gut von der anstrengenden Reise erholt. Fidel Mahler war sein bester Freund. Die Freundschaft reichte weit zurück in die Kinderzeit und vertiefte sich seit der Kommunion, als Onkel Corneli, gleichzeitig Firmpate seines Neffen, alle seine Ersparnisse zusammenkratzte, um eine kostbare silberne Taschenuhr aus der Werkstatt von Vater Mahler zu erwerben. Die Mutter hatte dieses überaus wertvolle Geschenk sofort in den Kasten gesperrt und sie dem Joseph erst wieder ausgehändigt, als die Sonntagsschule beendet war. Joseph trug sie seitdem an einer Kette bei sich und hütete sie wie einen Augapfel. Auch als es ihm schlecht ging, hatte er die Uhr behalten und lieber gehungert als sie zu versetzen.

„Erinnerst du dich", sagte Bleile, „als wir Kinder waren und in allen möglichen Schlammlöchern nach Blutegeln suchten, für die es beim Chirurgen Lau blanke Kreuzer gab. Und später, als ich durch den plötzlichen Tod von Monika in tiefste Verzweiflung stürzte, nichts mehr verkraften konnte und am scheußlichen Rotlauf erkrankte? Schließlich dem Bier und den Saufkumpanen mehr zugetan war als meiner Arbeit bis ich glaubte, am Ende meines Lebens angelangt zu sein? Da hast du mir wieder geholfen!"

Fidel wehrte bescheiden ab. „Das war nicht ich, vielmehr mein Vater. Er hat nicht nur seine Beziehungen als Gemeindevorsteher, sondern auch in der Verwandtschaft spielen lassen, um dir zu einer neuen Existenz zu verhelfen. Sein Bruder, unser guter Onkel, wollte damals aus Altersgründen seine Wirtschaft, die „Sonne" verkaufen, samt Taverne, Metzgerei und Bäckerei. Genau zu dieser Zeit suchte dein Lehrmeister, der Bader und Wundarzt Johann Nepomuk Lau, einen Ersatz für seine zu klein gewordene angestammte Badstube im Haus am Staufen, wo jetzt das Bahngleis durchführt und gegenüber der Bahnhof im Rohbau steht. Beim Kaffeewirt halt. Onkel Mahler und Lau wurden sich handelseinig unter der Prämisse, den zwar unbescholtenen, aber sich auf einem gefährlich abschüssigen Pfad befindlichen Nagelschmied Bleile in die Baderlehre zu nehmen."

„Lau nahm seinen Sohn Gabriel ins Geschäft mit der Absicht, die Badstube zu vergrößern", bestätigte Bleile. „Sie suchten einen geschickten Lehrling, der ihnen bei ihren Verrichtungen zur Hand gehen konnte. Wie du weißt, war der Lau kein richtiger Arzt. Er war approbierter Bader wie ich. Besuchte in Landshut die Baderschule und durfte sich nach weiteren Studien in Straßburg „Wundarzt" oder „Chirurg" nennen. Er schwärmte für die Schriften eines französischen Schriftstellers namens Voltaire. ‚Die Kunst der Ärzte besteht darin, die Patienten so lange zu amüsieren, bis die Natur sie heilt' war einer seiner Sprüche. Sein Geschäft lief ausgezeichnet. Neben den beim Landvolk weniger beliebten Reinigungsbädern wurden Haare geschnitten, rasiert, Zähne gezogen, geschröpft, zur Ader gelassen und Blutegel angesetzt. Lau war Vorsteher des örtlichen Hydropathischen Vereins und hielt viel von der Wasserkur. Mit der Heilung eines Bauern in Willis, der von einem tollwütigen Hund gebissen wurde und danach auf den Tod erkrankte, ist Lau in der ganzen Gegend bekannt geworden."

Fidel Mahler erinnerte sich nur zu gut an Lau. Schon in der Schule hatte er die Mitschüler amüsiert, indem er den Wundheiler imitierte: Leicht nach vorne gebeugt schlurfte er einher, strich mit der Hand das wirre Haar aus der Stirn und musterte mit kurzsichtigen Augen durch eine imaginäre Brille sein Gegenüber. Bleile sah den alten Lau leibhaftig vor sich. Mahler konnte auch Lau's raue Stimme imitieren, die wie ein Reibeisen klang:

„Der ‚Hirudo medicinalis', wie der Blutegel mit seinem lateinischen Namen heisst, ist sehr nützlich für die menschliche Gesundheit. Das kleine Wesen löst mit seinem Biss den Blutstau und lindert so die Schmerzen."

Bleile lachte herzlich.

„Ich bin schon als Kind gerne in die Badstube gegangen. Es roch so gut in diesen dunklen Räumen. Holzwannen, Tiegel, Fläschchen und Essenzen, die überall herumstanden, strömten einen geheimnisvollen Duft aus."

Mahler setzte seine Parodie fort.

„Wenn aber die Verderbnis der Säfte zu weit fortgeschritten ist und Aderlass, Pugieren, Schröpfen, die Blutegel, kalte Bäder und ein Bottich Wasser als Trunk nicht mehr helfen, bleibt mir als ‚ultima ratio' nur noch das Messer."

Man sah den Chirurgen leibhaftig vor sich, wie er, ehe er zum Skalpell und zur Knochensäge griff, sorgfältig die ansonsten einladend offen stehende Ladentüre verschloss. Trotzdem hörte man weithin die Schreie der gepeinigten Patienten, die von dieser Tortur zum Glück von einer gnädigen Ohnmacht erlöst wurden.

„Dass ich erst im reifen Alter von dreiunddreißig Jahren meinem ersehnten Ziel näher kam, war wohl Schicksal", meinte Bleile. „Dem Vater und den Brüdern stand ich im Weg, ungeschickt wie ich mich anstellte. Franz Xaver führte mit dem Vater die Bauernwirtschaft und Matthias, der Nachzügler, entwickelte Talente als Nagelschmied. Johann Nepomuk verdingte sich als Knecht im Unterland bei einem Großbauern. Was hätte ich tun sollen?"

„Du konntest dich nicht beklagen", sagte Mahler. „Dein gutherziger Freund, der Nagelschmied Xaver Eibeler, gab dir in seinem Haus im Unterflecken Kost und Logis. Dafür hast du ihm in der Schmiedewerkstatt und im Laden ausgeholfen, hast Eisenwaren verkauft und warst beliebt, besonders bei den ledigen Damen. Aber du wolltest von keiner etwas wissen, hast dich in deinem Schmerz verbohrt."

Bleile wurde ernst. Sein Freund hatte ihn richtig beurteilt.

„Nach dem Unglück mit Monika wurde ich krank. Schwer krank. Rotlauf. Es begann auf der Wange und zog sich bis zum linken Auge. Das wurde arg lädiert, ist mir bis heute geblieben. Am Fuß ist er erneut und schlimmer als zuvor aufgebrochen. Selbst Meister Lau wusste keinen Rat. Er bemerkte nur trocken, man könne daran sterben."

Die liederlichen Saufkumpane am Stammtisch im „Ochsen" waren bald wichtiger geworden als alles andere. Unmengen von Bier, die Bleile schon tagsüber und am Feierabend in sich hinein schüttete, halfen ihm über vieles hinweg. Zwar über die Schmerzen am Körper, nicht aber über die ganz tief im Innern sitzende Qual, die über lange Zeit nicht weichen wollte. Auch dann nicht, als sich durch das zufällige Baden im Wasser die Krankheit besserte.

„Monika war noch so jung, siebzehn Jahre erst, als sie starb", sagte er leise.

„Es war schrecklich. Schwindsucht. Der Tod kam ohne Vorwarnung, urplötzlich, und niemand konnte helfen. Sicher, ihre Haut war stets wächsern und durchscheinend gewesen, als ob innen eine schwache Kerze brannte. Seit der Kindheit war sie immer in meiner Nähe gewesen. Eine Liebe unter Nachbarskindern, wie sie überall in den Dörfern zu finden gewesen war".

„Nepomuk Lau hat dich über lange Zeit beobachtet", meinte Fidel, „ehe er dich eingestellt hat. Er konnte dich gut leiden. Der Joseph kann mit den Leuten umgehen, er hat Talent, hat er oft gesagt."

„Und nahm mir das heilige Versprechen ab, dem bisherigen liederlichen Treiben endgültig abzuschwören! Zwei Jahre später, noch während der Lehrzeit, konnte ich mich bei deinem Vater revanchieren. Schon seit Jahren plagte ihn die Gliedergicht. Schließlich wurde es so schlimm, dass er die feinen Uhrmacherwerkzeuge nicht mehr handhaben konnte. Jede Bewegung bereitete ihm die heftigsten Schmerzen. Ich weiss es noch wie heute. Im Januar des Jahres 1836 kam er mit mir wie schon öfter ins Gespräch. Gratulierte mir zu meinem Fleiß und meiner, wie er sagte, vorbildlichen Gesinnung. Er dankte mir noch für die neuesten Wasserschriften, mit denen ich ihn zuverlässig versorgte."

Fidel wusste, dass Bleile die Gunst der Stunde genutzt und den Vater bestürmt hatte, es doch mit seiner Wasserkur zu probieren. Der gab schließlich nach. Die Schmerzen waren kaum noch auszuhalten gewesen.

„Joseph, hat er gesagt und sich umgedreht ob ihn keiner hören konnte, du musst mir versprechen, dass es geheim bleibt zwischen uns beiden. Ich als Gerichtsherr und Gemeindevorsteher kann es mir nicht leisten, mich von einem Bader behandeln zu lassen. Aber auch der Stadtphysikus ist mit seiner Weisheit am Ende. Keine noch so bittere Medizin will mir helfen. Endlich brachte ich es mit gutem Zureden fertig, dass dein Vater tapfer Unmengen von Wasser trank, sich mit sauren Äpfeln kasteite und die zahlreichen Einreibungen und Waschungen geduldig über sich ergehen ließ. Mit dem ausgehenden Winter ließen die Schmerzen nach."

„Der Vater saß wieder an der Werkbank, konnte sich bewegen und vertrug die Hitze und Kälte", sagte Mahler. „Der Immenstädter Stadtphysikus wunderte sich über die Besserung seines prominenten Patienten, der nicht mehr jammerte. Aber er wagte nicht zu fragen, wer oder was ihm geholfen hatte."

Auch bei dem hilfreichen Freund, dem Schmiedemeister Eibeler konnte sich Bleile erkenntlich zeigen. Der litt seit vierzehn Jahren an einem Geschwür am Fuß, das trotz aller Bemühungen vor allem in den kalten Wintermonaten immer wieder aufbrach und höllische Schmerzen bereitete. Bleile heilte ihn mit seiner Wasserkur in acht Tagen. Einen Lohn lehnte er ab. Überhaupt, Bleile verlangte nie etwas für seine Bemühungen.

„Wie war das eigentlich damals, als man dich nach Missen rief?", fragte Fidel Mahler, klemmte sich eine starke Lupe ins Auge und betrachtete intensiv ein filigranes Uhrwerk. Es sollte eine Taschenuhr werden. „War es nicht ein Kaplan?"

„Ich kannte ihn bereits", sagte Bleile. „Aus Missen. Er kam öfter in unsere Badstube, um sich den Bart scheren zu lassen. Er sagte, sein Dienstherr, Pfarrer Johann Baptist Waldvogel, Dekan des Kapitels Stiefenhofen, würde nun bald sechzig Jahre alt werden und hätte viel Gutes über mich und meine Wasserheilungen gehört. Ein edles Reitpferd aus dem Stall des Missener Gemeindevorstehers Johann Hirnbein war erkrankt und selbst der Veterinär in Sonthofen wusste sich keinen Rat. Man hat mich gerufen und ich habe das Pferd mit einigen Wasseranwendungen geheilt."

„Der junge Hirnbein hat seinen Weg gemacht", sagte Mahler. „Er hat im Ausland studiert, wie man den Weichkäse haltbar machen kann. Man nennt ihn den Notwender, der die Existenz unserer Bauern gerettet hat."

„Ich habe ihn kurz kennen gelernt", meinte Bleile. „Er ist ein paar Jahre jünger als ich und war immer unterwegs. Als die Missener erfuhren, dass ich vom Landgericht Immenstadt offiziell als Bader zugelassen wurde, versprach man mir eine eigene Existenz, wollte mir neben dem Pfarrhof eine Badstube einrichten. Den Ausschlag gab schließlich, dass der Hochwürdige Dekan Waldvogel ein eifriger Anhänger der Wasserheilkunde war und alle einschlägigen Schriften kannte. Man wollte in Missen einen Hydropathischen Verein gründen, dessen Vorsitz der Pfarrherr übernehmen sollte. Er, der Kaplan und auch der Gemeindevorsteher und Armenpfleger Josef Siegel wollte das Vorhaben nach Kräften unterstützen."

Mahler drehte sorgfältig ein winziges Schräubchen in das Uhrwerk.

„Ich habe nicht lange überlegt", sagte Bleile schmunzelnd. „Jede Veränderung war eine Stufe auf der Treppe nach oben. Meine Wasserkur war erfolgreich. Ich konnte vielen Kranken, Bauern und Handwerkern helfen, die meine Hilfe suchten. Heimlich natürlich, damit es der Stadtphysikus nicht erfuhr. Auch Gabriel Lau, der mittlerweile das Geschäft des Vaters betrieb, wurde mir gegenüber zusehends argwöhnischer. Er witterte die Konkurrenz."

„Und dann, als du von Missen weggingst nach München", bemerkte Fidel, „sollst du dem König persönlich und seinem höchsten Beamten ordentlich zu Leibe gerückt sein. Ganz Staufen hat damals darüber getuschelt, aber mit Respekt!"

Bleile war bester Laune. „Das ist eine lange Geschichte Fidel", sagte er. „Manche Zusammenhänge habe ich erst viel später erfahren, als ich meine Wasserheilanstalt gebaut hatte und bei der höheren Gesellschaft Münchens etabliert war."

6. Ludwig

Der König von Bayern war trotz des trüben Wintermorgens am 29. Januar des Jahres 1839 in bester Stimmung. Es würde wieder ein anstrengender Arbeitstag werden. Heute waren die Bittsteller dran, die ihr Anliegen schriftlich einreichen mussten.

Innenminister Carl von Abel hatte wie immer die Hand im Spiel. Nur der geringste Teil einer unendlichen Flut von Bittgesuchen erreichte den Schreibtisch des Regenten. Der Minister siebte alles aus, was ihm nicht in den Kram passte.

Der König lehnte sich zufrieden zurück. Er hatte viel in Angriff genommen und würde noch mehr erreichen. München trug bereits seine Handschrift. Die neue Residenz, in der sich sein Arbeitszimmer samt Wohnräumen befand, ließ er vor vier Jahren nach dem Vorbild des Palazzo Pitti in Florenz erbauen. Die Pläne Gärtners für die neue Feldherrnhalle, nach dem Vorbild der Loggia di Lanzi in Florenz gestaltet, würden schon bald Wirklichkeit werden. Zur Zeit arbeitete Baumeister Klenze an den Entwürfen für die Neugestaltung der Theresienwiese. Eine Ruhmeshalle sollte dort entstehen mit den Marmorbüsten von achtzig eigens dafür ausgewählten verdienten Landsleuten. Und mitten hinein sollte eine kolossale Figur kommen mit neunzehn Metern Höhe. Die personifizierte Bavaria. Schwanthaler hatte ihm einen Entwurf gezeigt, der einfach großartig war. Allein der Bronzeguss würde ein Vermögen kosten. Wenn nur die Minister nicht wären, die im Namen des Volkes ihre geizigen Hände über die Staatsschatulle hielten und knauserten und sparten.

Im Namen des Volkes! Wer war das Volk? Als wenn das Volk etwas zu bestimmen hätte. Im Grunde regierten die Minister und ihre Vasallen, die Beamten. Und er, der Regent, konnte zusehen, wie er München vorwärts brachte. Wer, wenn nicht er, verschwendete noch Gedanken an die edlen Künste, die Repräsentation, die den Fürsten den Glanz und die Macht des Königreiches Bayern vor Augen führen sollten? Sein Vater Max hatte ihm einen Bärendienst erwiesen, als er im Jahre 1818 die Volksvertretung ermächtigte, über die Steuereinnahmen mit zu entscheiden. Und er, Ludwig, hatte diesen Schwachsinn später, im Jahre 1825, auch noch beeidet. Gezwungenermaßen, schließlich ging es um seine Königswürde.

Ludwig wandte seine Gedanken wesentlich angenehmeren Dingen zu. Der gestrige Abend hatte wieder einmal alle Erwartungen übertroffen! Im Hoftheater spielte der „Liebestrank" von Gaetano Donizetti. Er liebte diese komische Oper mit der sprudelnden Musik, die sich mit Rossini und anderen Großmeistern der Opera Buffa messen konnte. Wie die Verwirklichung eines Traumbildes erschien ihm die bezaubernde Neubesetzung für die Rolle der schönen Adina, die sich einiges an Ränken einfallen lässt, ehe sie den Bauernsohn Nemorio erhört. In der Geschichte spielte der Zaubertrank des Quacksalbers Ducamara eine große Rolle, auch wenn es sich in Wirklichkeit nur um eine Flasche Bordeaux handelte. Noch lag ihm die Melodie im Ohr, die hinreißende Arie der Adina.

„Prendi, per me sei libero". Es war, als sänge diese südländische Schönheit mit den nachtschwarzen Haaren und dem schmachtenden Blick diese Arie einzig und allein für ihn, den König. Immer wieder richtete sie ihre großen, wie dunkler Samt schimmernden Augen zur Königsloge. Um ihre Lippen spielte ein vielsagendes Lächeln. Ludwig spendete demonstrativen langen Beifall.

Ja, dachte er, ich bin frei, frei für dich. Die Zuschauer wandten ihre Blicke zur Loge und begannen zu tuscheln. Abrupt schloss der König den Vorhang.

„Eine Person von vollendeter Anmut", sagte der junge Adjudant der Wache hinter dem König feixend zu seinen beiden Kameraden und beschrieb mit den Händen eine eindeutige Kurve. Der König war schwerhörig. Aber das hatte er doch gehört. Er nickte.

Richtig, dachte er. Und ich weiß, dass du deine Erkenntnis sehr bald an Abel weitergeben wirst. Doch ich pfeife auf die Etikette. Ich bin auch nur ein Mensch mit Gefühlen und Sehnsüchten. Noch heute Nacht würde eine verschwiegene Ordonnanz ein prächtiges Blumenbouquet und ein Billet mit ergebensten Glückwünschen des Königs in die Garderobe der Künstlerin bringen.

Es wird höchste Zeit für Therese und die Kinder, dachte der König. Die nächste Kur in Bad Kissingen ist fällig. Er brauchte wieder seinen ungestörten Freiraum. Abel würde Therese von der Affäre unterrichten und sie würde wie immer schweigen.

Der unangenehme Gedanke an seinen Minister rief ihn in die Wirklichkeit zurück. Er ergriff das oberste Gesuch auf dem Stapel und begann zu lesen.

„Allerdurchlauchtigster, großmächtigster König, allergnädigster König und Herr", lautete wie stets der kunstvoll geschnörkelte Vordruck.

Ein Blick auf den Absender. Joseph Pestert. Doch nicht der Tierarzt, schoss es ihm durch den Kopf, aber der hieß mit Vornamen Anton. Pestert hatte viele wertvolle Pferde aus dem königlichen Marstall mit seiner Kunst gerettet. Ludwig las weiter und seine Stirn legte sich in bedenkliche Falten.

„Joseph Bleile aus Hinterstaufen, Königliches Landgericht Immenstadt, welcher durch unzählige und selbst im Druck erschienenen Zeugnissen mittels Rat und Tat an der leidenden Menschheit seine gründlichen Kenntnisse in der Hydrotherapie auf erstaunenswerte und wundervolle Art bewiesen hat und deshalb auch um eine Prüfung unter polizeilicher und ärztlicher Aufsicht alleruntertänigst nachsuchte, hat mich von meinem schmerzhaften zwölfjährigen Hämorrhoidengeschwür (da ich jeden Augenblick meiner irdischen Auflösung entgegen sah) und von einer bösartigen Zahnfistel (wo man mir schon die Augenzähne herausnehmen wollte) ungeachtet aller allopathischen Mittel, die jedoch vergebens angewendet wurden, durch die kräftige Wirkung des reinen Wassers allein radikal geheilt."

Von diesem Bleile habe ich doch schon gehört, dachte der König. Richtig. Erwähnte nicht der Rechberg kürzlich ganz nebenbei, ein gewisser Bleile, seines Zeichens Badediener in der Wasserheilanstalt Brunnthal, hätte ein krankes Rennpferd mit Erfolg behandelt?

Freiherr von Rechberg und Rothenlöwen war seit vielen Jahren ein überzeugter Anhänger der Wasserheilung. Während seiner vielen Aufenthalte im Dienste der Krone hatte er sich in den Ländern des fernen Ostens das Sumpffieber zugezogen. Nur Wasser milderte das Leiden.
Da fiel es dem König wie Schuppen von den Augen. Vor vier Jahren habe ich doch den Rechberg zusammen mit Oertel zu diesem Prießnitz gesandt, damit sie mir über die Wasserkur berichten. Soviel ich weiß, waren beide des Lobes voll. Und letztes Jahr war auch Doktor Schnizlein von der Universität in Gräfenberg dort. Abel war es, der mich überzeugen wollte, dass man auf das Urteil all dieser Schwärmer nichts geben sollte. Daraufhin verlangte das Ministerium eine amtliche Untersuchung. Richtig, danach wurde Horner auf ausdrücklichen Wunsch der Regierung von Oberbayern mit der Recherche beauftragt. Wieder steckte Abel dahinter. Ich muss ihn fragen, wo der Bericht bleibt.
„Nicht genug, dass ich diese lange Zeit mit diesen Übeln behaftet war, musste ich auch noch durch den grauen Star seit acht Jahren um mein Augenlicht fürchten. Ein berühmter Chirurg hat mir wegen meines Asthmas die Operation versagt. Dem Bleile und seiner uneigennützigen Behandlung verdanke ich es, dass ich gegenwärtig Farben unterscheiden kann und hoffen darf, mit Gottes Hilfe durch die weitere Behandlung mein Augenlicht wieder ganz erhalten werde."
Das ist wahr, dachte Ludwig. Auch der Bruder, sein geschätzter Pferdearzt Anton Pestert, war am gleichen Leiden erkrankt. Ludwig hatte ihn damals auf seine Kosten operieren lassen.
„Die königliche Polizeiaktion auf Veranlassung der königlichen Regierung von Oberbayern strafte Bleile wegen medizinischer Pfuscherei (obwohl kein Gesetz der Wasserheilkunde als solcher entgegensteht) vor

ein paar Tagen mit zehn Gulden und dem Bedeuten ab, in drei Tagen München zu verlassen. Bei dieser für meine Gesundheit und vor allem im Hinblick auf die Hoffnung einer gänzlichen Wiederherstellung meines Augenlichts wage ich es, die allbekannte Gerechtigkeit und die rühmlich wohltätige Gesinnung auch gegen jeden einzelnen leidenden Untertanen anzuflehen und demütigst darum zu bitten, den Joseph Bleile zu meiner und der leidenden Menschheit Wohl allerhuldvollst hier zu belassen."

Auf ein Glockenzeichen Ludwigs hin öffnete sich die Türe zum Vorzimmer. „Abel soll kommen, und zwar sofort!"

Es schien, als hätte der Innenminister den Ruf seines Herrn erwartet, so schnell war er zur Stelle. In Wirklichkeit hatte er an der Türe gelauscht. Besonders ärgerlich war es für ihn, dass es ihm unmöglich war, diesen Brief zurückzuhalten. Der Name Pestert war zu heiß. Das war aber auch zu ärgerlich! Nun hatte es dieses suspekte Individuum Bleile doch noch geschafft, die Aufmerksamkeit des Königs auf sich zu lenken.

Seit Wochen schon, genauer gesagt seit dem 20. September, hatte der Badergeselle Bleile die Regierung von Oberbayern und sein Ministerium traktiert. Mit sich ständig wiederholenden seitenlangen Litaneien lobte er seine Kenntnisse in der Wasserheilkunde und forderte penetrant „unter entsprechender polizeilicher Aufsicht in München oder einem anderen Ort des Königreichs Bayern eine öffentliche Wasserheilanstalt beginnen zu dürfen".

Geradezu als Beleidigung empfand Abel einen Hinweis dieses Bleile auf das Vaterland, in dem nach dessen Meinung die Wasserheilkunde noch einen großen Kampf zu bestehen habe „zum Wohle der Menschheit". Dafür sei er, Bleile, der Richtige. Weil die Sache noch nicht eingebürgert sei und er ein eigenes System aufgestellt habe, wofür unzählige Empfehlungen sprechen würden. „Wasser ist und bleibt das kräftigste und sicherste Heilmittel, wenn es unter einer zweckmäßigen Leitung angewendet wird. In der regelmäßigen Anwendung des Wassers sehe ich eine

Wunderkur", behauptete Bleile. Abel musste lauthals lachen, als er diese Unverschämtheit las.

Und dann der Gipfel. „Und könnten noch Zweifel bestehen", schrieb Bleile in einem brüskierend süffisanten Stil, „so sind diese doch wohl behoben durch den Schutz der königlichen Regierung zu Gräfenberg in Schlesien, der dem einfachen, schlichten Ökonomen Prießnitz zu Teil geworden ist."

Aha, der Kerl hatte die Frechheit, einen Präzedenzfall zu konstruieren! Wer hatte ihm bloß das Interesse des Königs an der Wasserkur verraten?

Bleile rieb noch mehr Salz in die offene Wunde: „Dadurch sind unwiderlegbare Beweise geliefert worden, dass die Wasserheilkunde anders als bloße Scharlatanerie angesehen werden muss."

Sie sei auch nicht ausschließliches Eigentum germanischer Ärzte, hatte Bleile erklärt, und könne sehr gut gegen die Methoden der medizinischen Pfuscher und Quacksalber mit mancherlei Arzneimissbrauch eingesetzt werden. Es gäbe auch keine Verfügung gegen den Gebrauch des Wassers und es werde wohl auch künftig keine Bestimmung dagegen geben. Und wörtlich schrieb er als Gipfel seiner laienhaften Anmaßung: „Solange ich die Hydrotherapie ausübe ist mir noch kein einziger Fall misslungen. Ich bin bereit, mein System Hydropathen gegenüber darzulegen. Auch verpflichte ich mich, mein System nicht nur zur Prüfung vorzulegen, sondern auch gegen jede Einwendung zu verteidigen. Die Naturheilkunde bedarf keines Studiums wie die Allopathie oder die Homöopathie. Sie ist einfach, kann von jedem Laien leicht erlernt und ausgeübt werden. Gesunder Sinn, Menschenverstand, gute Beobachtungsgabe und eine oberflächliche Körperkenntnis genügen, wie dies Prießnitz in Gräfenberg bis zur vollkommensten Überzeugung beweist."

Diesem Schreiben lagen eindeutig vorteilhafte Zeugnisse und Bewilligungen bei, sowohl des Pfarrers von Staufen, des Gemeindevorstehers von Missen als auch des Landgerichts Immenstadt über Leumund, Ausbildung und die Zulassung als Bader. Dazu eine von Professor Oertel in Ansbach verlegte Broschüre über Bleile und dessen Wasserkur mit zahlreichen Zeugnissen geheilter Patienten.

Damals war Abel einem Tobsuchtsanfall nahe, als er in das Arbeitszimmer des königlich bayerischen Amtsarztes Kranz in der Regierung von Oberbayern stürmte und ihm dieses in seinen Augen unsägliche Begehren eines dummen Pfuschers auf den Tisch knallte. Kranz schob seine dicke Hornbrille mit einer fahrigen Bewegung auf die Stirn und begann, dass Papier dicht vor den Augen haltend, kopfschüttelnd zu lesen.

„Verehrter Minister", sagte er schließlich, „ich wette um zehn Gulden, dass dieser Bleile das Gesuch niemals selbst geschrieben hat. Da steckt mit Sicherheit der verdammte Oertel dahinter! Der lässt doch keine Gelegenheit aus, uns eins auszuwischen. Diesen Menschen werde ich noch ins Gefängnis bringen! Erst kürzlich schrieb er einen ähnlichen Brief mit der unverschämten Bitte, diesen Bleile bei seinem Ansuchen bei Hofe gütigst zu unterstützen. Den Teufel werde ich tun! Ich rate Ihnen, die Sache unbeachtet zu lassen. Die Gesundheitspolizei werde ich auf ihn hetzen, mein tüchtiger Polizeiarzt Kopp ist sehr findig. Wir werden nicht ruhen, bis wir diesen elenden Kurpfuscher zur Strecke gebracht haben!"

Schon kurz darauf kam eine Mitteilung von der Regierung von Oberbayern, man hätte den Bleile „in flagranti" erwischt und würde ihn einer gerechten Strafe wegen medizinischer Pfuscherei mit Todesfolge zuführen.

Der Chirurg Stiegler hatte Anzeige erstattet, wonach der Malermeister Ferdinand Friedl, wohnhaft in der Adalbertstraße, seit drei Monaten vom Bader Bleile wegen einer starken Diarrhoe behandelt wurde und am 24. des Monats, ‚ohne weitere Hilfe' verstorben sei. Sofort wurde eine strafrechtliche Untersuchung eingeleitet. Die Obduktion ergab zwar, dass der Maler Friedl ohnehin an einem unheilbaren krebsartigen Geschwür im Leib gestorben wäre. Trotzdem wurde Bleile durch die Stadtpolizei angewiesen, sich jeglicher Ausübung von hydropathischen

Kuren bei einer Strafe von zehn Gulden zu enthalten. Alle Ärzte und die Gendarmerie wurden in Kenntnis gesetzt. Bleile bekam Stadtverbot und die Auflage, München binnen drei Tagen zu verlassen.

Es fiel Abel unendlich schwer, dem König diesen Sachverhalt ohne Rückhalt zu berichten. Er wusste, dass er diese Partie verloren hatte. Ludwig war sichtlich verärgert.

„Wo bleibt der Bericht von Horner?", fragte er streng. Da war es wieder, das ewige Misstrauen. Der König regierte gegenüber anderen als souveräner Autokrat, beanspruchte jedoch für sich uneingeschränkte Geistesfreiheit.

Doktor Franz Horner, Professor honoris causa an der Ludwig Maximilian Universität in München, Assessor des königlichen Medizinalkomitees und Mitglied des Medizinalausschusses der königlichen Regierung von Oberbayern, war vom Ministerium ausersehen worden, die Wasserkuren des Prießnitz an Ort und Stelle medizinisch und amtlich zu begutachten.

„Eure Majestät haben den Doktor Horner im persönlichen allerhöchsten Auftrag nach Gräfenberg gesandt, zum Wasserdoktor Prießnitz", begann Abel seine Verteidigung, „um dessen Methoden zu studieren und Eurer Majestät darüber zu berichten. Eure Majestät haben ausdrücklich befohlen, der Wasserheilkunde auch im Königreich Bayern einen höheren Stellenwert zuzuordnen und nach geeigneten Persönlichkeiten Ausschau zu halten, welche diese ausüben könnten. Eure Majestät geruhten, bereits zuvor die Herren Professor Oertel und den Freiherrn von Rechberg nach Gräfenberg zu entsenden. Die Berichte derselben waren zwar positiv, aber betont schwärmerisch. Sie genügen leider keineswegs den strengen Anforderungen der Wissenschaftler! Professor Horner ist im März letztens Jahres von seiner Reise zurückgekehrt. Die Regierung von Oberbayern, die diese Reise am 18. August 1837 angeordnet hatte, erhielt eine erste kurze Stellungnahme bereits am 2. März 1838. Doktor Horner hat auch einen Aufsatz verfasst, der am 28. April gleichen Jahres in der politischen Münchner Zeitung erschienen ist."

Abel hatte inständig gehofft, der König hätte die ganze Angelegenheit vergessen. Dazu hatte er auch allen Grund. Horner war zu keinem guten Ergebnis gekommen. Niemand wagte es, dem König die schlechte Nachricht zu überbringen.

„Es ist eine bodenlose Schlamperei, mir den Bericht vorzuenthalten", rief Ludwig erbost. „Ich wünsche sofort eine ausführliche Schilderung mit allen Einzelheiten."

Anlass zu diesem Ärger war die für ihn äußerst ärgerliche Tatsache, dass es dem König von Württemberg über einen rührigen Gesandten aus der Donaumonarchie soeben gelungen war, die Prießnitzkur im Königreich Württemberg offiziell einzuführen. Abel gestand sich ein, dass er versagt hatte.

Carl von Abel war im Jahre 1818, noch unter Ludwigs Vater Max I. in die Staatsregierung eingetreten und galt in Bayern als einer der fähigsten und einflussreichsten Beamten. Vor zwei Jahren hatte man ihn zum leitenden Minister befördert. Der König empfand ihn zunehmend als unbequem. Ja, er war eigenmächtig, wie viele andere Hofbeamte auch. Außerdem missbilligte Abel die ständigen Liaisonen seines Regenten.

Andererseits bewies Abel herausragende Qualitäten. Er kam als erster deutscher Staatsmann auf die Idee, für die Eisenbahnen das Staatsprinzip einzuführen und erschloss damit die Hoffnung auf eine beachtliche, dauerhafte Finanzquelle. Vor vier Jahren rollte der erste deutsche Zug von Nürnberg nach Fürth. Die Initiatoren waren kluge Kaufleute. Dieses Geschäft riss ihnen der Staat aus den Händen. Hofarchitekt Klenze machte sich darauf hin mit Windeseile ans Werk, ein bayerisches Eisenbahnnetz zu entwerfen. Zur Lieblingsidee des Königs, dem Ludwig-Donau-Main-Kanal, dessen Finanzierung das Bankhaus Rothschild in Frankfurt organisiert hatte und der schon im Bau war, würde bald eine Ludwig-Nord-Süd-Bahn hinzukommen, die den Norden Bayerns mit der südlichsten Spitze am Bodensee verbinden sollte.

Ludwig entließ seinen sichtlich verärgerten Minister mit einer huldvollen Handbewegung. Sein Entschluss stand fest. Er würde Abel und seinem Selbstbewusstsein eine kleine Lektion erteilen. Dieser Bleile war zwar alles andere als ein Gelehrter, aber er schien ein ehrlicher Bursche zu sein und er hatte Courage. Eigenschaften, die der König bei seinen Untertanen schätzte. Nach dem Eintreffen des Berichtes von Horner konnte er seine Entscheidung immer noch rückgängig machen. Oder, ein noch viel besserer Gedanke! Er würde den Grafen von Rechberg und Rothenlöwen bitten, die Sache zu prüfen. Dem konnte keiner das Wasser reichen.

Wie immer, wenn er etwas gegen seinen Hofbeamten im Schilde führte, war der König bester Laune.

Schmunzelnd griff er zur Feder. Sie war im Gegensatz zu den üblichen, aus Holledauer Gänsekielen geschnittenen Federn des Kanzleischreibers aus vergoldetem Metall und besaß einen Vorratsbehälter für die Tinte, die nach kurzem Drücken in die Federspitze floss. Er nahm das Gesuch zur Hand und schrieb seine Entscheidung mit seiner unverwechselbaren runden Schrift direkt auf den Rand des Papiers.

„Ich habe nichts dawider, wenn, sofern es mit meinen Verordnungen übereinstimmt, dem Bader Joseph Bleile der Aufenthalt in hiesiger Stadt und die Behandlung des Joseph Pestert mittels Wasserkur vorderhand nicht versagt werde. Auch ist mir lieb, wenn der Minister des Innern bezweckt, dass durch Besprechung mit den Beteiligten eine Vermittlung der Strafe stattfindet. Die Strafe werde ich dem Bleile jedenfalls in Gnaden erlassen. München, den 29. Januar 1839. Ludwig."

Der König lauschte einen Augenblick versonnen dem melodischen Klang des Stundenschlags der mit Edelsteinen reich verzierten Pendule, die auf seinem Schreibtisch die elfte Vormittagsstunde anzeigte. Ein Geschenk des französischen Gesandten, Baron von Bourgoing. Bourgoing? Ludwig stutze. Hatte der ihm nicht kürzlich eine Leidensgeschichte über seinen Leibjäger Friedrich Krause erzählt? Richtig, seit vierzehn Jahren litt der Krause an Krampfadern, die sich so verschlimmert hatten, bis der ganze Fuß eine einzige offene Wunde waren. Man hatte den Bader Bleile gerufen, der den Leibjäger durch kalte Umschläge und intensives Wassertrinken innerhalb von sechs Wochen geheilt hatte. Leider hatte er ihm auch den geliebten Kaffee verboten und viel schlimmer noch, das Bier! Ludwig lachte lauthals. Er stellte sich den Krause vor mit seinem Vollbart und dem verwitterten Jägerhut, wie er im Augustiner Biergarten saß und Wasser trank.

Das Gesuch. Da fehlte etwas. Der König kannte seine Pappenheimer. Die fanden bestimmt ein Haar in der Suppe, die er ihnen jetzt einbrockte. Seine Schrift wurde kleiner, weil der Rand des Schriftstücks immer enger wurde.

„Sollte es aber durch Verordnungen untersagt sein, so ist mir zu berichten, aber nicht wegzuweisen noch zu untersagen, sondern mir zu berichten und meine Entscheidung abzuwarten. Ich sagte: Verordnungen. Wenn aber gesetzliche Festsetzungen bestehen, so muss nach diesen verfahren werden. In jedem Fall aber ist mir Bericht zu erstatten."

„Ja Fidel", sagte Bleile am Ende seiner Geschichte, „ich bin der einzige, dem der König eigenhändig die Erlaubnis gab, mit Wasser zu heilen. Ich war, so gesehen, am Ziel meiner Wünsche."

Fidel Mahler wusste, welchen Wirbel sein Freund am bayerischen Königshof ausgelöst hatte. Der kleine Joseph und der große König. David gegen Goliath. Er wischte mit dem Daumen einen winzigen Metallfaden vom Deckel der fertigen Taschenuhr, in die er mit einem feinen Stichel sein Markenzeichen eingraviert hatte: „FMS", Fidel Mahler, Staufen."

„Und", fragte er atemlos, „ab sofort durftest du deine Wasserkuren ohne die Gefahr für Leib und Leben ausüben, ohne Angst, wieder angezeigt zu werden und in den Polizeiakten zu landen?"

Bleile betrachtete sinnend den feinen Silberspan, der sich auf dem Werktisch kringelte.

„Nein, guter Freund, damit fingen die Probleme erst an. Aber ich will dir die Geschichte der Reihe nach erzählen. Du ahnst gar nicht, welch verquere Denkweise die Bürokratie besitzt. Ganz besonders die der Ministerien in München. Also, als erster erfuhr Doktor Kranz von der Entscheidung des Königs. Er soll vor Wut schäumend durch die Amtsräume gerannt sein und die Akten auf den Tisch geknallt haben."

Bleile machte mit der Hand eine entsprechende Bewegung.

„Seine offizielle Anfrage an die Hofkanzlei triefte vor Scheinheiligkeit. ‚Man habe durch Zufall mit Erstaunen vernommen, dass dem Bleile eine Genehmigung erteilt wurde. Dies könne aber nach den Verordnungen keineswegs angehen, es sei denn, die Tätigkeit des Baders Bleile würde unter die Aufsicht eines richtigen Arztes gestellt.'

Zur gleichen Zeit hatte Georg Mayer, der Eigentümer der Badeanstalt Brunnthal, an der ich durch Vermittlung von Professor Kirchmayer als Badediener seit April tätig war, den vortrefflichen Gedanken, eine bauliche Erweiterung seines Hause zu beantragen. Immer mehr Personen wollten kalte Bäder nehmen. Die Lokalitäten reichten aber nicht aus. Er beantragte den Bau von weiteren, für den Aufenthalt der Badegäste geeignete ‚Wohnungen', insgesamt zwanzig an der Zahl. Wesentlich erweitert werden sollten auch die Stallungen, die Bäder und die Duschvorrichtungen. Mayer wollte mich nach dem glücklichen Ausgang der Geschichte bei Hofe, die mich auch von dem Vorwurf der Tötung des Malers Friedl entlastete, als Vorstand seines Bades einsetzen. Er riet mir eindringlich, doch um der guten Sache und meiner Reputation halber ein Praktikum bei Prießnitz zu absolvieren. Natürlich verfolgte er den kommerziellen Hintergedanken, die Anstalt künftig unter dem damals zugkräftigen Namen Prießnitz zu betreiben. Schließlich redeten mir auch Oertel und Oberhofmeister Graf von Rechberg zu, diese Chance zu ergreifen, was auch meinem beruflichen Fortkommen nützlich sei. Man avisierte mich in Gräfenberg."

„Und wie ging es mit Horner weiter?", fragte Fidel neugierig. „Wann hat er dem König über Prießnitz berichtet?"

Auf Bleiles Gesicht erschien das altbekannte verschmitzte und zugleich siegreiche Lächeln, mit dem er schon als Kind jeden für sich eingenommen hatte. Vollkommene Genugtuung lag in seinen Worten.

„Als Doktor Horner dem König am 1. Dezember des Jahres 1839 endlich seinen Bericht, er nannte ihn wörtlich: ‚Studie über die Reise nach Gräfenberg und die Ergründung der dortigen Kuranstalt mit Erfahrungen und medizinischen Ergebnissen der Wasserkuren des Prießnitz' vorlegte, war ich schon auf dem Weg nach Gräfenberg."

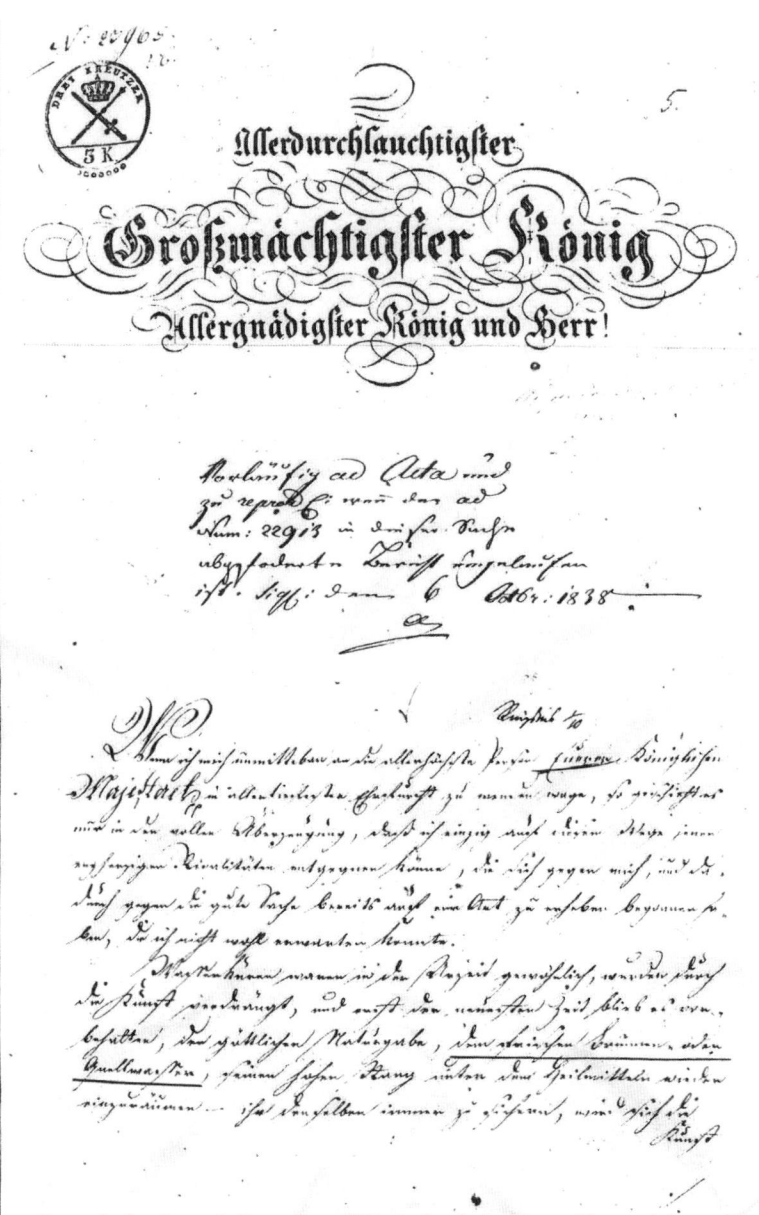

Gesuch des Joseph Pestert an König Ludwig I. von Bayern
bezüglich der Begnadigung von Joseph Bleile von 1838
Quelle: Staatsarchiv Bayern

7. Vinzenz Prießnitz

Die Glocke auf dem Dachreiter des Kurhauses schallte weithin über die bewaldeten Hügel des Gräfenbergs, die jetzt in tiefem Schnee lagen. Im großen Steinhaus, die Burg genannt, wurde das Mittagsmahl aufgetragen. Das laute Stimmengewirr der Kurgäste, Damen und Herren aller Stände und jeglichen Alters, die sich im riesigen, mehrere hundert Personen fassenden Saal des im Sommer neu eröffneten Kurhauses eingefunden hatten, glich einem Bienenschwarm. Bedienstete in schwarzer Livree rannten hin und her, trugen Speisen auf und räumten das Geschirr von den Tischen. Der Lärm verebbte, als Vinzenz Prießnitz freundlich grüßend den Raum betrat und am größten der vier aufgestellten Tische Platz nahm.

Bleile, der wie jeder Neuankömmling als letzter an der Tafel des Meisters zu sitzen kam, beobachtete mit Erstaunen, wie Prießnitz ruhig und ohne eine Spur von Ermüdung zu zeigen, die von allen Seiten auf ihn einstürmenden Fragen seiner Gäste beantwortete. Prießnitz, vier Jahre älter als Bleile, war in der Blüte seiner Jahre. In den kurzen Pausen, die entstanden, diktierte er dem Sekretär, der geduldig neben ihm saß, die Antworten auf die umfangreiche Tagespost in die Feder.

Bleile hatte von seinem Betreuer, dem Kurdiener Josef Neugebauer schon erfahren, dass Prießnitz jeden Tag um fünf Uhr morgens aufstand und ein kaltes Vollbad nahm. Anschließend sah er im Steinhaus und in den benachbarten Gästehäusern nach seinen Patienten, überprüfte die Verordnungen und Anwendungen, die ein Heer von Badedienern gewissenhaft erledigte, schaute in der Wirtschaft und im Stall nach dem Rechten, um anschließend zu frühstücken. Meist ritt er anschließend nach Freiwaldau. In den komfortablen herrschaftlichen Häusern des Städtchens, in denen der Adel mit zahlreicher Dienerschaft abzusteigen pflegte und sich die „Creme der Noblesse" bei allerlei Zerstreuungen vergnügte, gab es ebenfalls Patienten. Sogar eine Theatergesellschaft hatte sich unlängst etabliert. Und der Magistrat hatte ebenfalls im Sommer mit dem Bau einer Wasserleitung begonnen, die alle vornehmen Häuser der Stadt mit Trinkwasser versorgen sollte.

Bleile war im Grunde unfähig, einen klaren Gedanken zu fassen. Die zurückliegenden Tage und Nächte erschienen ihm wie ein Traum. Unzählige Male hatte er die Postkutschen gewechselt, hatte Mitreisende, junge, alte, hässliche, vornehme, angenehm riechende und widerlich stinkende Individuen kennen gelernt und gleich wieder vergessen. Oertel, der ihm nach eigenen Erfahrungen die Route vorgegeben hatte, war im Sommer gereist, im Juli und August des Jahres 1836. Im Winter kam man teilweise besser voran, weil die Straßen gefroren waren. Von München aus reiste er mit der Eilpost nach Passau. Von dort, die Donau war zum Glück eisfrei, mit einem Frachtschiff auf dem Donaustrom hinunter nach Wien. Nur wenige Stunden waren ihm vergönnt, um wenigstens den Stephansplatz zu sehen, den alles überragenden Dom, die Dreifaltigkeitssäule und schließlich die Hofburg, die alte Residenz der Habsburger, wo jetzt der Kaiser wohnte. Kurz danach ging es weiter. Über Brünn und Olmütz tief hinein ins mährische Land. Entlang der Straße menschenleere, armselige Dörfer mit windschiefen Behausungen. Hunde verfolgten sie kläffend meilenweit und trieben Kutscher und Pferde zur Verzweiflung. Auch vor Wölfen wurde gewarnt, aber man hörte nur aus der Ferne ihr unheimliches Heulen. Das Schlimmste aber war die grimmige Kälte. Ab und zu erwärmte ein winziges, rußendes Kohleöfchen die Kutsche, wobei man im beißenden Rauch schier erstickte. Meist aber waren die Fensterscheiben zugefroren und schneidende Kälte drang durch die Ritzen.

Den Tag seiner Ankunft im Staritztal würde er nie vergessen. In Mährisch-Schönberg hieß es, die Straße über den Roten Berg sei unpassierbar und man müsse deshalb über Hannsdorf ausweichen. In den frühen Morgenstunden erreichte die Kutsche einen Sattel und eilte auf dem schmalen Weg in einer vereisten Spur talwärts. Bleile war eingenickt und erwachte plötzlich, wie vom Blitz geblendet. Die ersten Strahlen der Morgensonne, die soeben im Osten über dem Altvatergebirge aufging.

Bleile rieb sich die Augen. Im gleißenden Sonnenlicht des Wintermorgens erblickte er im schmalen Fenster der Kutsche den Hochgrat, den Hausberg seiner Heimat. Und davor, die bewaldeten Höhenzüge, das war der Denneberg.

„Was ist mit mir?", schrie er entsetzt und deutete wild gestikulierend zum Fenster, auf dem die Eisblumen ein schmales Guckloch frei gaben. Der Kutscher, der den Schrei gehört hatte, riss mit aller Macht an den Zügeln und brachte die Kutsche zum Stillstand.

Das sei die Hochschar, der Hausberg von Lindewiese, sagten lachend die Mitreisenden, zwei in kostbare Pelze gehüllte Damen, die den Duft eines teuren französischen Parfüms verströmten. Münchnerinnen. Sie waren in Schönberg zugestiegen, kamen von Prag über Königgrätz. Sie reisten schon zum dritten Mal nach Gräfenberg.

„Sehen Sie, da unten ist das Staritztal. Die Straße führt am Bach entlang, durch Lindewiese hindurch und weiter bis Freiwaldau. Kurz davor biegt links eine Allee ab, die zum Gräfenberg hinauf führt."

Es war das erste Mal, seit der Zeit, als er von Staufen fort ging, dass Bleile so etwas wie Heimweh verspürte. Und jetzt, in dieser seltsam heimatlich anmutenden Gegend, hatte es ihn eingeholt. Ob wohl in Staufen der Schnee wieder so reichlich gefallen war wie fast alle Jahre? Man nannte den Ort das „Schneeloch". Und wie still war dort der Winterwald, die Tannen, die sich unter der Schneelast neigten. Der rauchige Duft nach Harz.

Hastig zerdrückte er mit den Fingern ein paar heimliche Tränen, die ihm in die Augen geschossen waren. Er blickte auf und sah in den hübschen Augen seines Gegenübers, der jüngeren der beiden Damen, ein tiefes Mitgefühl. Oder war es nur Mitleid? Flüchtig nur, eher wie zufällig, berührte ihre Hand die seine. Vom Herzen her stieg eine seltsame Wärme in ihm auf, die durch den ganzen Körper drang. Ein wohliges Gefühl, wie er es seit langer Zeit nicht mehr gespürt hatte.

Theresia Lindinger, so hatte sie sich vorgestellt. Wie das Schicksal oder die Vorsehung es wollten, aus München. Die ältere Dame war ihre Mutter.

Jetzt erreichten sie die ersten Häuser. Niedrige Gehöfte mit winzigen Fenstern. Die Dächer weit heruntergezogen. Düstere Fassaden aus Brettern, die ganz oder zum Teil mit grob gehauenen schwarzen Schieferplatten bedeckt waren.

Bald nach der kleinen Kirche ging es durch das Zentrum des Dorfes, immer an der mit Eisschollen bedeckten Staritz entlang. Am jenseitigen Ufer lag inmitten eines großen Feldes ein stattliches Anwesen. Vom Hauptgebäude konnte man an der zur Straße gewandten Fassade nur die Fenster im oberen Stockwerk erkennen, so tief war es im Schnee versunken.

„Schroth," sagte Mutter Lindinger und schüttelte geringschätzig den Kopf. „Sie nennen ihn den Semmeldoktor. Ein Außenseiter. Nur wenige Patienten kommen in sein altes Bauernhaus. Der Gräfenberg ist vornehm und hat zehnmal mehr Kurgäste. Prießnitz hält nicht viel von Schroth und nimmt keinen auf, der von dort kommt. Schroth lässt seine Patienten zu Tode schwitzen und dürsten. Außerdem magnetisiert er das Wasser. Der Magistrat hat ihm das Heilen schon öfters verboten. Seine Patienten leiden Höllenqualen. Ihr werdet die ‚Schrothgespenster' noch früh genug kennen lernen."

„Du wirst aber zugeben", mischte sich Theresia ein, „dass Schroth auch hoffnungslose Fälle aufnimmt und kuriert, die bei Prießnitz abgewiesen werden. Und es wird immer noch behauptet, Prießnitz benutze einen Zauberschwamm."

Bleile nahm sich fest vor, auch diesen seltsamen Schroth aufzusuchen und die Wahrheit zu ergründen.

In Freiwaldau wurde das Gefährt nochmals gewechselt. Vier frische, starke Pferde kamen als Vorspann, um die Steigung zum Gräfenberg zu bewältigen. Bleile wunderte sich, wie gut die Straße geräumt war. Des Rätsels Lösung zeigte sich bald in Form von heftig winkenden und gestikulierenden Damen und Herren, die seitlich des Weges auftauchten und die Schneeschaufeln schwangen.

„Kurgäste", sagte Theresia und lachte vergnügt. „Sie erwärmen sich nach den kalten Bädern und Duschen. Schon morgen werden wir uns in die Schar der Schneeschaufler einreihen. Prießnitz verordnet Bewegung. Man kann aber wählen, zwischen Holz sägen im Turnsaal und Schnee schaufeln in Freien."

Eine freundliche Stimme an seinem Ohr weckte Bleile jäh aus den Erinnerungen.

„Wie ist das Befinden unseres verehrten gemeinsamen Freundes, des Herrn Professors Oertel? Ist er immer noch so aufbrausend, oder hat ihn das Alter geläutert? Er lässt mich doch sicher grüßen. Schließlich ist es erst drei Jahre her, seit er mich persönlich aufgesucht hat."

Bleile erhob sich rasch und schüttelte herzlich die kräftige Hand des berühmten Wasserdoktors.

Prießnitz war eine imposante Erscheinung. Weniger durch seine Größe, als durch das Auftreten. Die breite Stirn umrahmt von hellem, leicht gelocktem Haar. Eine gerade Nase, darunter ein entschlossen wirkender Mund mit schmalen Lippen. Wissende, gütige Augen. Niemand konnte sich der Faszination entziehen, die von ihm ausging.

„Oertel hat viel für mich getan", sagte Prießnitz. „Seine Empfehlungen meiner Wasserkur drangen bis in die Kanzleien der Staatsregierungen in Deutschland. Dadurch bin ich erst richtig bekannt geworden. Und danach kamen nicht nur Patienten, nein, auch Ärzte und Wissenschaftler in Scharen. Aus allen Ländern Europas. Über tausend Kurgäste und mehr als hundert Ärzte allein in diesem Jahr. Nicht gerechnet jene Schlauen, die heimlich meine Wasserkur abkupfern, um damit Geld zu scheffeln."

Bleile dachte erschrocken an die Absichten seines Prinzipals. Georg Mayer und die Wasserheilanstalt in Brunnthal, wo er Vorstand werden sollte! War er wirklich nur aus diesem schnöden Grund gekommen? Nein, ganz sicher nicht. Er war selbst ein Wasserheiler, wollte prüfen, vergleichen und dazulernen, bald ein eigenes Kurhaus besitzen. Die prachtvollen Baulichkeiten der Gräfenberger Kuranstalt hatten ihn überwältigt, ließen ihn nicht mehr los.

Aber Prießnitz erwartete wohl keine Antwort. Er deutete das Schweigen als Zustimmung.

„Ich bin mit Oertel nie ganz klar gekommen", sagte er, „der Professor ist ein unbelehrbar rechthaberischer Theoretiker. Vom Schwitzen in der Wasserkur hält er überhaupt nichts, dafür propagiert er übermäßiges Wassertrinken. Ich dagegen sage, dass die Wirkungsweisen der verschiedensten Anwendungen genau beobachtet und je nach Krankheitszustand modifiziert angewendet werden müssen. Die Vielfalt, mit Verstand eingesetzt, ist es, die eine durch die Reaktion auf das kalte Wasser eingeleitete Heilung zu Ende bringt."

Bleile überlegte. Sollte er beichten und verraten, dass er im Grunde Oertels Ansichten teilte? Es war nicht ratsam, weil er davon ausgehen konnte, dass Prießnitz die Schriften gelesen hatte.

„Sie werden alle meine Anwendungen kennen lernen, mein verehrter Wasserfreund", beendete Prießnitz wohlwollend das Gespräch. Sein belustigter Blick ließ nur zu deutlich erkennen, dass er Bleile vollkommen durchschaut hatte.

Doch ihm gefiel dieser fast gleichaltrige Badergeselle aus dem Markt Staufen, wo immer dieser Ort gelegen sein mochte. Prießnitz spürte die Verwandtschaft des Wesens. Schließlich hatte auch Bleile frühzeitig eigene Erfahrungen gemacht. Und bemerkenswerte Heilerfolge erzielt. Wenn auch, wie er feststellen konnte, auf recht grobe Weise. Er würde sich persönlich um ihn kümmern. Allerdings, eine Probe wollte und durfte er Bleile nicht ersparen. Zu viele Scharlatane hatten sich bei ihm eingenistet und sich später anmaßend als „Prießnitz-Schüler" tituliert.

Und laut fügte er hinzu: „Morgen früh, Herr Bleile, erwarte ich Sie gegen sechs Uhr zur ersten Konsultation meiner Kurgäste im Sprechzimmer."

Bleile hatte auf seiner langen Reise ins österreichische Sudetengebirge über zehn Tage und Nächte hindurch kaum ein Auge geschlossen. Auch jetzt fand er keinen Schlaf. Selbst der nasse Umschlag, den er sich zur Beruhigung um den Leib gelegt hatte, zeigte keine Wirkung. Zu sehr hatte ihn diese erste Begegnung mit Vinzenz Prießnitz aufgewühlt.

Am Nachmittag seiner Ankunft führte ihn das Oberhaupt der Badediener, Franz Neugebauer, im Kreise seiner Familie ein. Eine rundliche, freundliche Ehefrau und zwei goldige halbwüchsige Buben, die ihn munter plaudernd sofort in Beschlag nahmen. Bleile verstand sich mit diesen Leuten auf Anhieb und es war ihm, als hätte er sie schon lange gekannt. Wenn nur dieser seltsame Dialekt nicht gewesen wäre! Bleile verstand zuerst kaum ein Wort. Doch dann, nach einer Tasse heißem Kaffee und köstlich duftendem Mohngebäck, ging es immer besser. Und so erfuhr Bleile aus den Erzählungen des Ehepaars Neugebauer die Geschichte des Wasserdoktors, wie Prießnitz vom Personal respektvoll genannt wurde.

Im Frühjahr des Jahres 1816 ereilte den jungen Vinzenz, der auf dem Hof seines Vaters arbeitete, ein schweres Unglück. Die Pferde, die sein mit Saatgerste beladenes Fuhrwerk zu einem Feld bringen sollten, scheuten und gingen durch. Als er die Tiere am Zügel festhalten wollte, traf ihn ein Hufschlag am Kopf und er stürzte so unglücklich, dass ihn die eisernen Radreifen des schwer beladenen Wagens überrollten.

Die schlimmsten Verletzungen, Rippenbrüche, renkte sich Vinzenz an der Tischkante unter unsäglichen Qualen selbst wieder ein. Doch die Schmerzen wurden unerträglich. Der Doktor wusste sich keinen Rat. Man könne nicht in den Körper hineinsehen, meinte er.

In seiner Kindheit beobachtete Vinzenz längere Zeit ein Reh, das seinen verletzten Lauf in einer Quelle badete und bald darauf wieder munter herum sprang. Später behandelte er kleinere Wunden bei sich und den Nachbarn mit kaltem Wasser. Auch bei Haustieren zeigten sich Erfolge.

Jetzt, in den schlimmsten Tagen seines jungen Lebens, hörte er allein auf die innere Stimme und verlangte nichts anderes als kalte Umschläge. Kaltes Wasser linderte die Schmerzen und heilte.

Später, als er genesen war, lernte der Bauernsohn Vinzenz in der Natur zu lesen wie in einem aufgeschlagenen Buch. In der gesamten Pflanzen- und Tierwelt gab es vom Kern her keine Krankheiten. Diese entstanden erst durch schädliche Einflüsse von außen. Der Mensch bildete keine Ausnahme. Krankheit entstand erst dann, wenn sich etwas fremdes im gesunden Organismus einnistete. Wenn das Gleichgewicht der Säfte nicht mehr stimmte, sich die Waagschale zu Gunsten der Krankheit neigte.

Über diesen Gedanken schlief Bleile auf seinem Strohsack in der Dachkammer des Kurhauses ein. Es war der erste ungestörte Schlaf seit seiner Abreise aus München.

Als Bleile pünktlich um sechs Uhr morgens ausgeruht die Ordination betrat, sah er sich einem heiter wirkenden Prießnitz und einem sichtlich nervösen, etwa fünfzig Jahre alten Kurgast gegenüber, der ihm als Johann Evangelist Fürst, seines Zeichens Fabrikant aus Frauendorf, vorgestellt wurde. Fürst, so Prießnitz, sei durch allopathische Ärzte auf Grund eines Leberleidens nach Bad Kissingen verwiesen worden. Während der Reise hatte sich aber durch eine Darmentzündung das Leiden derartig verschlimmert, dass er sich auf Empfehlung von mehreren Bekannten dazu entschloss, umgehend den Gräfenberg aufzusuchen.

„Bitte, Herr Bleile", sagte Prießnitz und bemühte sich um einen harmlosen Tonfall, „bitte untersuchen Sie unseren Patienten, stellen Sie fest, ob wir ihn kurieren können und verordnen Sie Ihre Anwendungen."

Prießnitz verschwieg, dass er schon zuvor die erwärmte Hand des Patienten in eiskaltes Wasser getaucht hatte. An der sofort einsetzenden Reaktion, die sich als leichte Rötung zeigte, war zu erkennen, ob der Patient kurfähig war. Wäre die Reaktion ausgeblieben, hätte Prießnitz den Patienten zurückgewiesen.

Bleile zögerte keinen Augenblick. Aha, dachte er, der gute Prießnitz will mir auf den Zahn fühlen. Er zweifelt an meinen Diagnosen. Was Oertel und Kirchmayer über ihn geschrieben hatten, konnte er beweisen. Es war die Intuition, die auch Prießnitz leitete. Oft genügten ihm wenige prüfende Blicke und er erkannte aus dem Gang und der Haltung des Patienten, aus bestimmten Merkmalen in den Gesichtszügen und auch an der Form der Finger und Gelenke, an der Farbe und den Verwerfungen der Fingernägel und an der Durchblutung der Ohrläppchen, welche Krankheiten im Körper steckten.

Das mit roten Äderchen durchsetzte, aufgedunsene Gesicht des Herrn Fürst, seine Körperfülle und die glasigen, gelblichen Augäpfel verrieten den Lebemann. Die Gelenke der Finger waren verdickt, der rechte Oberbauch unnatürlich geschwollen.

„Die Ursache der Leiden des Herrn Fürst ist auf eine periodische Gicht zurückzuführen", sagte Bleile bedächtig und betonte jedes Wort. „Eine innere Entzündung hat sich, wahrscheinlich durch die Beibehaltung der gewohnten opulenten Lebensweise, auf die Gedärme übertragen und dabei die Leber geschädigt. Herr Fürst ist kurfähig. Ich habe mehrere ähnliche Fälle, die von den Ärzten bereits aufgegeben wurden, geheilt."

Prießnitz nickte zufrieden. Er hätte die Diagnose nicht besser stellen können. Herr Fürst blickte etwas betreten um sich, denn seine Ärzte hatten die Sache verharmlost. Offensichtlich waren sie darauf aus, den reichen Patienten möglichst lange hinzuhalten.

„Ich verordne knappe Kost mit viel Gemüse, wenig Fleisch, kein Alkohol", sagte Bleile sachlich. „Als Getränk täglich zwanzig Maß klares Quellwasser oder mehr, so viel Sie im Stande sind zu trinken. Abwechselnd vier Schoppen Salzwasser an mindestens zehn Tagen. Sie müssen erbrechen. Zuvor soll ein Aderlass am Fuß vorgenommen werden. Täglich ein Klistier, zwei kalte Wannenbäder. Danach mehrmals nasse Umschläge und eine Dusche, ein kaltes Sturzbad. Ich denke, Herr Fürst, in wenigen Tagen werden Sie Besserung spüren und bald wieder gesund sein."

„Und täglich zwei Stunden Holz sägen. Viel frische Luft. Ausgiebig schlafen!", fügte Prießnitz wohlwollend hinzu.

Fürst machte ein Gesicht, als hätte man ihm Rizinusöl verordnet. Er hatte sich seinen Kuraufenthalt fröhlicher vorgestellt. Hatte man ihm nicht erzählt, bei Prießnitz dürfe man speisen, was und so viel man wolle? Und wie sollte er bei diesen harten Prozeduren noch in der Lage sein, die vielen schönen Damen zu beglücken? Die doch extra des Vergnügens und der Kavaliere wegen nach Gräfenberg gekommen waren! Jedenfalls hatten das seine Geschäftsfreunde behauptet.

Prießnitz war von der Treffsicherheit der Diagnose beeindruckt. Aber Bleile's Verordnungen erschienen ihm viel zu rudimentär. Salzwasser, Erbrechen, Aderlass, Klistiere! Das waren Prozeduren, die er weniger schätzte. Bleile musste lernen, seine Anwendungen wesentlich sanfter zu dosieren. Für abgehärtete Naturburschen wie es die Bayern und speziell die Allgäuer sein mochten war die einem Holzhammer gleichende Methode vielleicht geeignet. Die Krankheit benötigte genügend Zeit, um den geschwächten Körper zu verlassen. Es kam darauf an, die Anwendungen feinfühlig auf diesen Prozess abzustimmen. Der Natur folgen, nichts erzwingen, war sein Leitspruch. Bleile würde ihn bei den täglichen Krankenbesuchen begleiten und dadurch bald den nötigen Schliff bekommen.

Bleile erbat sich zunächst zwei Tage Dispens, um, wie er geltend machte, sich mit den Einrichtungen der Kuranstalt und der Umgebung vertraut zu machen. Dabei erwies sich Franz Neugebauer als hervorragender Führer.

Allein der Anblick des überaus prunkvollen neuen Kurhauses hatte ihn überwältigt. Neugebauer zeigte ihm die Baderäume mit den verschiedenartigsten hölzernen Wannen für Begießungen und Waschungen, Sitzbäder und Abreibungen, Wechselbäder, Halb- und Vollbäder bei unterschiedlichen Temperaturen. Duschen mit unterschiedlichen Höhen ersetzten an kalten Tagen die Naturduschen in den Wäldern. Im Bett des Kurgastes wurden nasse und trockene Schwitzpackungen verabreicht, unmittelbar danach folgte im Zimmer das Kaltbaden. Für die wichtige Erwärmung durch Bewegung vor und nach den Anwendungen gab es eine Scheune, in der die Kurgäste täglich um die Wette Holz sägten und die Klötze anschließend spalteten. Die Damen erhielten Dreschflegel und durften auf die Strohballen einprügeln, so geschickt sie es vermochten. An warmen Tagen würde man alles ins Freie verlagern, sagte Neugebauer.

„Und wo habt ihr die Zauberschwämme versteckt?", fragte Bleile im Spaß. Neugebauer verstand den Scherz nicht und antwortete ernsthaft: „Die haben die Mitglieder der Kurkommission konfisziert, die bei uns im Sommer eine Prüfung vorgenommen haben. Schlimmer als die Inquisition! Prießnitz hat unter Druck die offizielle Konzession beantragt und wartet noch auf die Zusage. Er will ein für alle Mal ein Ende machen mit den ewigen Anklagen wegen Kurpfuscherei. Sogar zu drei Tagen Gefängnis hat man ihn verurteilt! Eine Schande für die hohen Herren. Gott sei Dank hat der geharnischte Protest der Gäste und auch vieler Ärzte aus allen Teilen Europas das Schlimmste verhindert."

Bleile nickte. „Ich verstehe nicht, warum ein so berühmter Wasserheiler wie Prießnitz einer Erlaubnis und einer ärztlichen Aufsicht bedarf?", sagte er. „Wenn er heilen kann, und das ist bewiesen, ist er doch einem Arzt gleichzusetzen oder gar überlegen. Prießnitz muss um diese Anerkennung kämpfen."

Bleile verschwieg, dass auch er diesen Kampf zu führen gedachte, gegen die Mühlen der Regierung und aller Neider bis zum Erfolg. Er würde nicht aufgeben und wenn es noch Jahre dauern sollte.

Der tiefe Schnee und die anhaltende Kälte hielten ihn keineswegs davon ab, die Umgebung der Kuranstalt bis in die entferntesten Winkel zu durchstreifen. Eisige Wege war er gewohnt. Er besuchte den Prießnitz-Brunnen, mit dem alles angefangen hatte und viele weitere, jede mit einem eigenen Namen versehenden Quellen, deren Wasser jetzt zu Eis gefroren war. Sobald es wärmer wurde, strömte es über hölzerne Rinnen zu den einzelnen Duschen. Die Kurgäste standen teils völlig im Freien, teils in oben offenen Kabinen und ließen das Wasser je nach verordneter Dauer aus großer Höhe über ihre Köpfe rinnen. Daneben waren kleine Hütten für die Umkleide. Männer und Frauen waren streng getrennt.

Bleile überfiel erneut dieses seltsame Gespür, dass schon in der Kindheit von ihm Besitz ergriffen hatte. Die Kaltwasserkur funktionierte nur mit Hilfe der Wassergeister, die in lebendigen, sprudelnden Quellen wohnten. Sie waren die Träger des Heilungsprozesses. Auch er würde einen solchen Ort finden. Und dort sein eigenes Kurhaus erbauen.

Die Tage, an denen er Prießnitz zu den Kranken begleiten durfte, vergingen im Flug. Bleile hatte viel dazugelernt und würde manches Neue in Zukunft beherzigen.

Ehe er sich umsah, stand das Weihnachtsfest bevor. Prießnitz, der ihn schon zuvor in den Kreis seiner Familie, der im vierten Monat schwangeren, sehr zurückhaltenden Gattin Sophie und der Schar der reizenden Töchter Sophie, Theresia, Marie Anna, Anna Marie und dem Nesthäkchen, der quirligen zweijährigen Antonie, eingeführt hatte, lud Bleile zur sonntäglichen Christfeier im Kreise der verbliebenen Gäste ein. An diesem Tag war es Tradition, auch das gesamte Personal und die zahlreiche Dienerschaft der noblen Gäste an den Tisch zu bitten.

Aber Prießnitz hatte ihm bei der morgendlichen Konsultation zu verstehen gegeben, dass Bleile sich als sein Gast zu betrachten habe und sich in seinem Hause nicht als Bediensteter fühlen sollte.

Nie zuvor in seinem Leben hatte er eine so festliche Stimmung erlebt. Angesichts der funkelnden Kronleuchter, die aus bläulich schimmernden böhmischem Glas geschliffen waren und funkelten, als wären es Diamanten und einem Meer aus flackernden Kerzen vor mannshohen Spiegeln.

Bleile dachte schmerzlich an das ärmliche Christfest im Elternhaus. Es gab einen verkrüppelten, mit nur wenigen Wachskerzen geschmückten Christbaum, der im Herrgottswinkel stand. Eine gut gewachsene Fichte wäre dafür zu schade gewesen. Und als Geschenk gab es Fäustlinge und Socken für die kalten Tage, die man beim Burger, dem Strumpfmacher im Ort rechtzeitig bestellt hatte. Das schönste Fest war der nächtliche Gang durch den verschneiten Wald zur Christmette in der Staufner Pfarrkirche. Das Orgelspiel und der Gesang der Menschen um ihn her überwältigten ihn jedes Mal so stark, dass er glaubte, er müsse im Himmel bei den Engeln sein.

Wieder suchte er den Blick von Theresia Lindinger. Ihm war wenig Zeit für ein Gespräch mit ihr geblieben. Einige flüchtige Begegnungen und das Versprechen, nach der Rückkehr in München einmal nach der kranken Mutter zu sehen. Das war alles. Als sie sich zu ihm neigte, sah er den Glanz der Lichter, die sich in ihren schönen Augen spiegelten und er wusste in diesem Augenblick, wie viel sie ihm bedeutete. Doch diesen Gedanken schlug er sich gleich wieder aus dem Kopf. Der arme Badergeselle und die Tochter eines Salzstößlers, eines reichen Kaufmanns. Das war der Stoff für ein Märchen. Ein Wunschtraum würde es bleiben nichts weiter. Doch er konnte an nichts anderes denken und prompt war ihm die feierliche Ansprache des Wasserdoktors an seine Gäste entgangen.

Beifall brandete auf, als ein bekannter Pianist aus Moskau, der zur Kur im Hause weilte, zum Klavier schritt. Er griff elegant in die Tasten und spielte Frederic Chopins Ballade Nummer zwei. Die vornehme Gesellschaft bevorzugte neuerdings die musikalischen Einfälle dieses komponierenden Wunderjünglings aus Polen, seine virtuosen, geistvollen Werke, die mit dem Aroma slawischer Folklore angereichert waren.

Zum Abschluss der Feierstunde stimmte Sophie Prießnitz mit ihren Töchtern ein ergreifendes neues Weihnachtslied an, das in diesem Jahr überall die Runde machte:

„Alle Jahre wieder, kommt das Christuskind, auf die Erde nieder, wo wir Menschen sind, kehrt mit seinem Segen, ein in jedes Haus, geht auf allen Wegen, mit uns ein und aus."

Alle sangen mit und so steigerte sich diese schlichte Melodie zu einem vielstimmigen Choral. Bleile summte leise mit. Musikalisch war er nicht.

In prachtvollen vergoldeten Tafelaufsätzen, die eine Kopie aus dem herrschaftlichen Haushalt am Hofe seiner Majestät, des Kaisers Ferdinand in der Hofburg zu Wien darstellten, präsentierte eine Schar dienststeifriger Köche und Kellner kulinarische Köstlichkeiten, wie sie Bleile noch niemals zuvor erblickt hatte.

„Der Kaiser speist heute Abend nicht besser als wir", flüsterte eine schon ältere Dame für alle am Tisch gut hörbar ihrer nicht weniger aufgedonnerten Nachbarin ins Ohr. Ihr mit Diamanten besetztes Armband blitzte mit den Kronleuchtern um die Wette.

Das Arbeitszimmer von Vinzenz Prießnitz war im Stil des Empire eingerichtet. Jeder wusste, dass er reich war. Wie reich, konnte man nur vermuten. Prießnitz nahm kein Honorar. Die Zuwendungen seiner dankbaren Patienten flossen freiwillig und meist sehr großzügig.

Bleile setzte sich auf den bequemen Sessel vor dem eleganten Schreibtisch, auf dem ein mächtiges Tintenfass stand, in dem eine lange Gänsefeder steckte. Eine silberne Dose mit Streusand vervollständigte die Dekoration.

„Ich habe auf ihren Wunsch hin, Herr Bleile, ein Zeugnis diktiert", sagte Prießnitz bedächtig. „Ich mache das selten. Und schon gar nicht für die so genannten Schüler, die mich nur um ihres späteren Vorteils willen aufsuchen und auch für Ärzte, die über mich und meine Arbeit dicke Bücher schreiben. Nicht immer das Beste, wie beispielsweise dieser Doktor Munde, der sich mit meinem Wissen wichtig macht. Aber in Ihrem Fall mache ich mit Freude eine Ausnahme. Weil Sie ein ernsthafter Wasserheiler sind wie ich selbst und dazu ein vertrauenswürdiger Charakter, ein Freund meiner Freunde. Also hören Sie."

Prießnitz räusperte sich heftig.

„Zeugnis. Hm. Dass Herr Joseph Bleile, Bader aus Staufen, Königlich Bayerisches Landgericht Immenstadt, sich seit dem zehnten Dezember 1839 bis dritten Jänner 1840 hierorts aufhielt und während dieser Zeit viele Mühe gab, sich in der Krankenbehandlung mit kaltem Wasser Kenntnisse zu verschaffen. Genannter Bleile besuchte mit und ohne den Unterzeichneten die bösartigsten Krisen und Krankheiten, zeichnete sich durch Fleiß, Geschicklichkeit in obiger Hinsicht so aus, dass Bleile jeder Wasserheilanstalt als Vorstand bestens anempfohlen werden kann. Gräfenberg, den dritten Jänner 1840. Zufrieden?"

Bleile brachte kein Wort heraus, so überrascht war er. Und wahrscheinlich stolz, dass der große Prießnitz ihn, den Bauernsohn und Badergesellen Joseph Bleile, einen ihm gleich gestellten Wasserheiler genannt hatte. Dieses Zeugnis würde ihm alle Türen öffnen.

„Und grüßen Sie die beiden Herren, den Professor Oertel und den Grafen Rechberg recht herzlich von mir, natürlich auch unbekannter Weise ihren Prinzipal, Herrn Mayer", sagte Prießnitz und erhob sich von seinem Sessel.

Am darauf folgenden Tag nahm Bleile Abschied von den ihm in kurzer Zeit lieb gewordenen aufrichtigen Menschen vom Gräfenberg, der Familie Neugebauer, vielen hilfreichen Geistern, von den Prießnitz-Kindern und schließlich schweren Herzens auch von Theresia, die ihre Mutter noch einige Wochen in der Kuranstalt betreuen wollte. Ob man sich in München wiedersehen würde? Sie versprachen, es sich fest vorzunehmen.

8. Johann Schroth

Der frisch gefallene Schnee knirschte unter den Schuhen und gefrorene Wassertropfen hingen wie glitzernde Perlen an den Weidebüschen, die am Ufer der Staritz wuchsen. Leichter Nebel stieg vom Wasser herauf in den kristallklaren Morgen.

Es war eine knappe Wegstunde vom Gräfenberg bis zum Anwesen des Johann Schroth in Lindewiese. Vor seiner Heimreise gedachte Bleile noch einige Tage bei Schroth zu verweilen, wie er es ihm im Kretscham versprochen hatte. Außerdem plagte ihn die Neugierde. Das Geheimnis der „Schrothgespenster" lockte ihn.

Bleile dachte an seine erste persönliche Begegnung mit Schroth. An jenem Sonntag schloss er sich einer Schar unternehmungslustiger Kurgäste an, die nach Freiwaldau wandern wollten. Bewegung tat gut, vor allem jenen zarten Damen, die das bei Männern beliebte sinnlose „ Stroh dreschen" als „läppisch" ignorierten. Als die ersten Häuser des Ortes näher kamen, wurde einstimmig beschlossen, in der „Krone" einzukehren. Ein einfaches Gasthaus, das man hierzulande „Kretscham" nannte.

Am glühend heißen Kachelofen, der einen guten Teil der Wirtsstube einnahm, saßen an einem runden Tisch einige sichtlich gut gelaunte Kurgäste. Sie füllten sich gegenseitig die Gläser aus einem dickbauchigen, mit Wein gefüllten Tonkrug und prosteten sich lautstark zu. „Reserviert für Schrothgäste" stand auf einem Schild. Bleile nahm mit seinen Begleitern am Nebentisch Platz.

Schadenfrohes, sich bis zum Kreischen steigerndes Gelächter erhob sich am anderen Tisch, als die freundliche Wirtin, Frau Philipp, den säuerlich blickenden Prießnitz-Gästen einen Krug mit klarem Freiwaldauer Wasser kredenzte. Diese Freude schlug jedoch in jähes Entsetzten um, als kurz darauf an diesem Tisch ein Tablett mit duftendem Schweinebraten, garniert mit Sauerkraut und böhmischen Knödeln serviert wurde.

Der Bratenduft mischte sich mit dem Rauch der Gaststube und die Prießnitz-Gäste rühmten gegenseitig lautstark den feinen Geschmack dieses böhmischen Leibgerichtes. Übermütig riefen sie zum Schroth-tisch hinüber, man möchte doch herüber kommen und mithalten. Man würde auch nichts verraten, wenn sie eine Kursünde begingen.

Bei diesen Worten verstummten die Gäste am Schroth-Tisch und deuteten mit unverständlichen Gesten zum Stammtisch hinüber, an dem einige Männer saßen und Karten spielten.

Bleile hatte dieses Schauspiel menschlicher Unzulänglichkeiten mit Missvergnügen verfolgt. Weil er keinen Hunger hatte, ging er zu den Männern am Stammtisch hinüber, die ihm einladend zugenickt hatten. Das kindisch anmutende Geplänkel der Gäste schien die Stammtischler nur zu erheitern, denn einer rief lauthals in die Runde „Johann, das geht auf dich!"

Das dürfte der Lehrer sein, vermutete Bleile. Wirre, lange Haare und auf der Nase den ständig abwärts rutschenden goldenen Zwicker. Höflich bat er um Erlaubnis, sich an den Tisch setzten zu dürfen. Er mochte die Menschen aus der Gegend, die ihn in ihrem Gebaren stark an seine Allgäuer Landsleute erinnerten.

„Bleile", stellte er sich vor. „Joseph Bleile, aus München. Derzeit auf dem Gräfenberg zum Studium der Wasserkur."

Die in der Runde musterten ihn kurz, aber nicht unfreundlich.

„Wir nennen uns hier an diesem Tisch nur beim Vornamen, Joseph", sagte schließlich einer, der so bleich aussah, als säße er Tag und Nacht bei Kerzenlicht über verstaubten Folianten.

„Auch Josef, Josef Wagner mein Name. Aktuar und Stadtschreiber", stellte er sich vor. Bleile war erfreut. Der Sohn seines Nachbars Wagner in Hinterstaufen hieß auch Josef. Dessen Vater, den Karl, hatte er seinerzeit mit kaltem Wasser von üblen Magenschmerzen kuriert.

„Und das ist Johann. Johann Schroth", sagte Wagner und zeigte auf einen, der ein wenig älter als Bleile aussah. Schon im Sitzen überragte er mit seiner Gestalt alle Männer in der Runde.

Dieser Schroth genoss sichtlich den größten Respekt. Er war in die schlichte Tracht eines Landmanns gekleidet. Derselbe prüfende und doch offene Blick, der ihn stark an Prießnitz erinnerte.

„Wo waren wir stehen geblieben?", nahm Johann den Faden wieder auf.

„Warum du ausgerechnet Wein verordnest", erinnerte ihn der Apotheker. Er verkaufte ihn schließlich, und nicht zu billig.

„Wie ihr alle wisst, habe ich es zuerst mit Kornschnaps probiert", sagte Johann und nickte Bleile freundlich zu. „Damals auf den Schlachtfeldern von Galizien, bei den schweren Reitern in Horodenka. Dort war ich im Feldlazarett offiziell als Gehilfe des Chirurgen tätig. Wir hatten nichts anderes. Gaben den Verwundeten doppelt gebrannten Kartoffelschnaps. Ließen sie voll laufen, bis sie einigermaßen betäubt waren, ehe wir ihnen mit der Knochensäge die zerschmetterten Gliedmaßen abtrennten. Wundbrand wäre ihr sicherer Tod gewesen. Auch Bleikugeln und Eisensplitter holten wir aus den offenen Wunden heraus, ehe wir wieder zunähten. Wir haben alles mit Schnaps eingerieben. Das heilte. Wir verabreichten den Schnaps auch zur Stärkung, als das Fieber einsetzte. Wasser half da nicht viel. Im Gegenteil. Die reinlichen, die sich ständig mehrmals am Tag wuschen und den Mund spülten, sind bald krepiert. Die meisten von denen, die im eigenen Schweiß und Schleim lagen und dazu keinen Bissen hinunterbrachten, sind wieder gesund geworden."

Bleile hörte fasziniert zu. Der als äußerst wortkarg geltende Schroth war, einmal in Fahrt geraten, ein guter Erzähler.

„Als erste Nahrung gaben wir den Verwundeten gekochten Haferschleim, eine uralte, bewährte und leichte Krankenkost, die wir von den Russen übernahmen. Danach ging es aufwärts. Da habe ich gelernt, wie man es anstellen muss, damit die kranken Stoffe, fauler Schleim und vergiftetes Blut, den Körper verlassen. Der Körper selbst muss die Krankheit austreiben, um sie zu überwinden. Diesen Prozess darf man nicht stören. Nicht mit Wasser und schon gar nicht mit Braten und Knödel."

Sie blickten hinüber zum Prießnitz-Tisch, an dem das Gespräch verstummt war. Johann fuhr fort und alle hörten zu.
„Erst später habe ich den Wein kennen gelernt. Unseren guten österreichischen Landwein. Bei unserem Mitbürger, dem Weidlich-Schulzen. Ich möchte ihn heute nicht mehr missen, und meine Patienten erst recht nicht. Die Wirkung des Weins ist tiefgreifender, angenehmer als die des Branntweins. Das wissen auch die Gräfenberger zu schätzen!"
Johann wandte sich jetzt voll dem Nachbartisch zu.
„Ja, ja, sobald sie dem Gräfenberg den Rücken kehren, verschmähen sie das Wasser und trinken Wein. So hat mir mein Schulfreund Vinzenz, der in manchen Dingen auch mein Widersacher ist, ohne Willen zu einem wesentlichen Fortschritt meiner Methode verholfen. Auch die Schwitzpackung, die er anwendet, hat er von mir gelernt."
Schroth lachte und blickte auf das goldfarben schimmernde Zifferblatt der Standuhr, die in die hölzerne Wandverkleidung der Gaststube eingelassen war. Dann richtete er sich zu seiner respektablen Größe von fast zwei Metern auf.
„Für heute muss ich gehen, liebe Freunde. Meine Kranken warten auf mich. Besuche mich wenn du den Prießnitz zu Ende studiert hast, Joseph Bleile. Höre nicht auf dummes Geschwätz! Du machst dir am besten selbst ein Bild von meiner Arbeit."

Bleile wandte sich von der Hauptstraße ab nach links, ging über die Staritz-Brücke und erreichte kurz darauf ein stattliches Bauernhaus, um das sich mehrere Wirtschaftsgebäude gruppierten. Aus dem Kamin stieg dunkler Rauch.
Den etwa achtjährigen, sichtlich aufgeweckten Knaben, der aus der Türe trat und den Ankömmling kritisch musterte, fragte er nach dem Kurhaus von Johann Schroth.
„Das ist hier", erklärte Emanuel, der mit seinem älteren Bruder Johann dem Vater trotz seiner Jugend zur Hand ging. Im Hausflur erschien

eine Frau, wohl die Mutter. Sie wischte sich die feuchten Hände an der Schürze ab.

„Sie sind der Bleile", sagte Theresia Schroth warmherzig. „Johann hat Sie mir deutlich beschrieben. Ein Naturbursche, sagte er, der die Kur studieren will. Neugierig und liebenswert. Das sehe ich. Wir haben unsere Kranken hier im Haus untergebracht und zum Teil bei den Nachbarn. Derzeit ist uns die Krankenbehandlung offiziell nicht erlaubt. Deshalb beherbergen wir nur Verwandte." Sie betonte dieses Wort.

„Mein Mann hat vor einiger Zeit ein neues Gesuch an die Wiener Hofkanzlei gerichtet und erwartet in Kürze den Besuch der zuständigen Kommission. Hoffentlich wird alles gut. Johann würde eine Niederlage nicht überleben. Seine Gesundheit ist nicht die beste, aber er schont sich auch nicht."

Bleile trat ins Haus und war, gelinde gesagt, sehr überrascht. Einen krasseren Gegensatz gab es nicht. Dort am Gräfenberg Prießnitz mit einem prunkvollen Kurhaus und noblen Gästen, hier in Lindewiese ein schlichtes Bauernhaus.

Theresia bemerkte das Erstaunen und ahnte seine Gedanken

„Obwohl Johann kein Honorar nimmt, sind wir nicht arm", sagte sie rasch. „Die freiwilligen Gaben der Kranken und die unermüdliche Arbeit nebenbei auf dem Hof haben uns wohlhabend gemacht. Wir müssen bald ein neues Haus bauen, ein Kurhaus. Wir wissen kaum mehr wohin mit den Patienten. Dieses Gebäude, die Bauernwirtschaft, die mein Mann von seinem Stiefvater Gröger übernommen hat als wir geheiratet haben, werden wir abreißen."

Bleile, der sich auf Empfehlung eines Freundes, des Kurdieners Neugebauer, für einige Tage in einem Nachbarhaus einquartiert hatte, erfuhr bald mehr über Schroth´s Patienten. Da waren einfache Menschen darunter, aber auch solche von hohem Stand, deren oberstes Ziel die Wiederherstellung ihrer Gesundheit war. Der fehlende Komfort störte sie nicht. Da war eine russische Aufseherin, zwei Bauerntöchter, eine

Offiziersgattin, Dienstmägde, die Tochter eines Vogelhändlers, die Gattinnen eines Stellmachers, eines Webers und eines Fabrikanten.

Die Herren unter den Kurgästen rekrutierten sich aus einem Pfarrer, einigen Knechten, Tagelöhnern und Gärtnern, auch ein Gürtler, ein Geiger aus Breslau, ein Rankenmaler, ein Verleger und sogar ein ungarischer Graf hatten sich einquartiert.

Beile durfte Schroth bei den Krankenbesuchen begleiten. Diese Krankheitsbilder waren wesentlich schwerer als bei den Patienten, die auf dem Gräfenberg logierten. Viele waren mit Skrofeln behaftet, krankhaft geschwollenen Lymphknoten, die auf schwere innere Leiden hindeuteten. Andere wiederum hatten sich bei ihren Arbeiten schwer verletzt und kamen mit schlecht heilenden Wunden und gebrochenen Gliedern. Und dann waren da noch jene, die im Gräfenberg als unheilbar entlassen wurden. Schroth war für sie die letzte Hoffnung und Zuflucht. Sie glaubten daran, dass er sie heilen würde. Bleile verstand immer mehr, warum Schroth jeden Patienten einzeln behandelte und für jeden einen eigenen Kurplan aufstellte, den er täglich mit väterlicher Güte, aber auch mit der notwendigen Strenge bis zum Tag der Entlassung überwachte.

Vor allem durch die Dursttage, die sich über Tage und mit Unterbrechung auch Wochen hinziehen konnten, magerten die Patienten stark ab und anstatt mit kräftigen Schritten aufrecht zu gehen, schlichen und schlurften sie dahin. Der Vergleich mit Gespenstern war durchaus angebracht, stellte Bleile fest. Nur ihrer übermenschlichen Disziplin, die sie aufbringen mussten, um alle Tortouren zu überstehen, verdankten die Patienten letztlich ihre Heilung.

Bleile war die zweite Woche bei Schroth, als ein Ereignis eintrat. Ohne vorherige Benachrichtigung erschienen am frühen Morgen drei Herren in schwarzen Mänteln, die sie nur widerstrebend ablegen wollten. Auch darunter waren sie vornehm gekleidet wie hohe Staatsbeamte. Die Kommission aus Wien.

Bleile wollte die Stube verlassen, er wollte nicht stören, sagte er. Aber Schroth bedeutete ihm, er solle bleiben.

Alle blickten auf den Wortführer, der zunächst umständlich mit einem großen weißen Tuch seine beschlagene Brille reinigte. Dann nahm er aus der schwarzen Ledertasche ein dickes Aktenbündel und begann nach kurzem Blättern mit einem strengen Verhör.

„Ich stelle fest, Sie sind der Ökonom Johann Schroth, Eigentümer dieses Anwesens zu Lindwiese. Wie Ihnen hinreichend bekannt ist, wurde mit Gubernialbeschluss vom 13. Juli 1839, also vorigen Jahres, die Ausübung einer Heilkur mit frischem Wasser in Ihrem Hause eingestellt. Die Begründung war, dass es unmöglich erscheint, Ihre Anstalt polizeilich so zu überwachen, wie es nach dem Gesetz erforderlich ist. Außerdem darf ein der Heilkunst Unkundiger und deshalb nicht autorisierter Laie wie Sie ein Etablissement in Form einer Badeanstalt keinesfalls eigenständig leiten."

Schroth öffnete den Mund und wollte etwas sagen, aber der Vorsitzende schnitt ihm einer barschen Handbewegung das Wort ab.

„Hören Sie mir bitte zu, ich weiß schon, was Sie sagen wollen. Sie haben am 2. Oktober selben Jahres ein Gesuch an unsere königlich kaiserliche Majestät am Hofe zu Wien gerichtet und dargelegt, dass sowohl Prießnitz als auch Weiß hier im Kreis Freiwaldau autorisiert sind. Sie haben argumentiert, beides seien keine Ärzte. Weiß ist immerhin Tierarzt. Wie diese würden Sie nur mit reinem kalten Quellwasser heilen und somit würde von Ihrer Seite nicht die geringste medizinische Einmischung erfolgen. Es heißt aber, Sie hätten die Heilkunst von einem Mönch gelernt, der Ihnen eine Zauberei verriet, als er Sie mit einer schweren Knieverletzung antraf. Das war in jener Zeit, als Sie Fuhrknecht waren, bei einem Verwandten Ihres Stiefvaters. Eines Ihrer Zugpferde hat ausgeschlagen und Ihnen die schlimme Verletzung gebracht."

„Der Mönch ist eine Legende", sagte Schroth sanft, als er endlich zu Wort kam. „Eine Legende wie das Reh von Prießnitz. Aber Legenden sind wichtig. So wichtig wie eine Wallfahrt für die Gläubigen. Die Menschen glauben immer, Gott oder seine Heiligen könnten nur an bestimmten Stellen Wunder wirken und Zeichen vollbringen. Aber Gott ist nicht darauf angewiesen, er hilft und heilt alle, die an ihn glauben."

Der Vorsitzende warf seinen Begleitern einen bedeutsamen Blick zu. „Fahren Sie fort, Herr Schroth", sagte er jovial. Er hatte es anscheinend mit einem religiösen Fanatiker zu tun.

„Ich habe immer, schon als kleines Kind, die Natur beobachtet. Die Jahreszeiten. Den Frühling mit seinem warmen Regen, der das Saatkorn sprießen lässt, ein Symbol des Lebens. Der Sommer mit seiner Zeit des Gedeihens, der Herbst mit seiner reifen Fülle und der Winter mit seiner Einsamkeit und Ruhe, die er über das Land bringt und in der die Natur neue Kräfte schöpft. Dann die Tiere, die ihren Instinkten folgen und uns durch ihr Verhalten zeigen, was uns Menschen abhanden gekommen ist. Ich habe viel aus der Natur gelernt."

Schroth hatte seinen Kranken und den wenigen Ärzten, die ihn besuchten, bereits viele Male sein Prinzip erklärt und war nicht immer verstanden worden.

„Ich heile den Körper eines Menschen oder Tieres, indem ich ihn auf seine einfache Natur zurückführe. Ich wende keine Gewalt an, sondern richte mich nach den natürlichen Erfordernissen. Ich gebe ihr nichts, was sie nicht will und enthalte nichts vor, was sie begehrt. Das gibt mir eine Überlegenheit gegenüber all jenen Ärzten, die von der Natur abweichen."

„Man sagt auch, dass sich Ihre Kur stark der von Prießnitz' abhebt, ja sogar konträr verläuft", warf der Vorsitzende ein. „Sie waren Schulfreunde und sogar mehr. Sie hatten sich in die Schwester von Prießnitz verliebt, wollten sie heiraten?"

„Was mir an Prießnitz nicht gefällt ist die Übertreibung", antwortete Schroth und überging die persönliche Anspielung.

„Das kalte Wasser ist wichtig, meine Herren, um Reaktionen, das heisst Wärme, zu erzeugen. Aber die Gräfenberger Methode tut der Natur Gewalt an. Es ist das Übermaß an kaltem Wasser, die Kraft und Wärme, die das Leben ausmachen, vermindert und dadurch die Krankheit unterdrückt. Wenn sich der Körper von der ständigen Kälte erholt hat, kommen die Krankheiten zurück oder gehen in schleichende Formen über, die den wahren Kern der Krankheit verbergen, um dann um so heftiger erneut auszubrechen. Ich heile nur mit Wasser, wodurch sich feuchte Wärme entwickelt, aus der alle Tätigkeiten des Pflanzen- und Tierreiches bestehen und wecke dadurch die natürliche Heilkraft, gebe den Anstoß zur Heilung. Dadurch lösen sich die Krankheitsstoffe und gelangen zur Ausscheidung. Der Körper selbst ist es, der seine eigenen Heilkräfte entwickelt."

„Dann ist Prießnitz also auf dem falschen Weg?", fragte der Kommissar mit scharfer Stimme. Seine Begleiter blickten entsetzt.

„Prießnitz beurteilt den Zustand des Kranken nach der Wärme seiner Haut und versucht, diese durch Schweiß, kalte Wannen- und Duschbäder und andere Wasseranwendungen zu stärken und in verschiedenste Stufen der Erregung zu versetzen. Dieses Verfahren wird von den meisten Patienten auf das Ungeheuerlichste übertrieben. Manche trinken kaltes Wasser bis zur Ohnmacht, einige fallen ins Delirium. Dann gibt Prießnitz zum Teil schwer verdauliche Speisen, Sauerkraut, fettes Schweinefleisch und Mehlspeisen. Er glaubt, dadurch würde der Körper gestärkt. Ich verurteile nicht das Prinzip, sonder lediglich die extremen Richtungen."

„Bei uns daheim, im Allgäu, leben wir von der Natur, den Feldern und Wiesen, von unseren Kühen, der guten Milch und ihren Produkten und vom frischen Gemüse und den Kräutern aus unseren Gärten", warf Bleile ein, „und ich kann mir gut vorstellen, dass es eine gute Nahrung wäre für eure Kranken zur Wiederherstellung ihrer Gesundheit."

„Das ist keineswegs falsch", bestätigte Schroth, „auch ich glaube, dass sich die Heilung über die Verdauungsorgane entwickelt. Aber zunächst brauche ich eine Reaktion. Ich verbiete das Wassertrinken, um den Magen und die Blase nicht abzukühlen und dadurch zu schwächen. Die Ausscheidung soll nach innen, über den Darm erfolgen. Die meisten

Krankheiten entstehen aus einer gestörten, schwachen Verdauung und dem unvollkommenen Stoffwechsel. Der Stuhl und vor allem der Urin sind für mich die äußeren Zeichen, um den Erfolg der Ausscheidung der Krankheitsstoffe zu erkennen und zu kontrollieren. Indem ich die Patienten hungern lasse, werden die Verdauungsorgane gekräftigt. Auch darin unterscheide ich mich von Prießnitz."

„Wir haben gehört, dass Sie für jeden Kranken eine andere Behandlung anwenden, Herr Schroth", sagte der Vorsitzende. „Sie geben den einen Kaffee und Wein zu trinken, jenen erlauben Sie gekochtes Rindfleisch und Gemüse. Andere wiederum lassen Sie darben, nur mit einer alten Semmel oder einer Tasse Haferschleim. Man sagt, die Kranken leiden Höllenqualen, weil man ihnen über Tage und gar Wochen hinweg das Trinken verweigert. Das ist doch nicht weniger hart!"

„Für mich ist die Kur wie eine Wiedergeburt des Körpers", sagte Schroth. „Deshalb leite ich sie auf verschiedene Weise ein und sehe die späteren Verdrängungen voraus. Ich weiß es, so bald ich den Kranken sehe. Das ist mir im ersten Augenblick klar. Bei chronischen Krankheiten allerdings muss ich mein Verfahren verschärfen. Dadurch wird der Körper aber nur scheinbar geschwächt. In Wirklichkeit wecke ich die letzte, im tiefsten inneren verborgene Lebenskraft. Bei einem verlöschenden Feuer würde man sagen, den letzten Funken."

„Sie wickeln die Kranken am Morgen in bis zu fünf nasskalte Leintücher und waschen sie zuvor mit kaltem Wassern ab. Sie baden sie nicht wie Prießnitz nach dem Schwitzen?"

„Auf den Reiz der Kälte des Wassers hin reagiert der Körper mit Wärme. Prießnitz verstärkt diese Wärme durch starke Bewegungen wie Reiben der Hände und Schenkel. Und nach den Begießungen folgen Kraftakte wie Holzsägen oder Dreschen."

„Ihre Kranken schwitzen in den nassen Tüchern sehr stark und ihre Haut wird heiß. Der Schweiß stinkt und die Absonderungen verfärben die Wäsche."

„Ja, auch Geschwülste und Ausschläge verstärken sich. Das sind wohltätige Krisen der Krankheit. Darauf achte ich besonders", sagte Schroth. „Der menschliche Organismus erzeugt die krankhaften Stoffe in seinem Inneren. Durch Gärung drängen sie an die Oberfläche, zur Haut. Durch meine Kur schlägt der Körper die entgegengesetzte Richtung ein. Die inneren Organe werden derart gefordert und dadurch gekräftigt, dass sie die Krankheitsstoffe an sich ziehen und ausscheiden."

Der Vorsitzende war noch nicht zufrieden. „Was hat es mit den „Schrothgespenstern" auf sich, von denen man erzählt?"

Das stimmt, dachte Schroth. Manche vergießen so viel Schweiß, dass er durch die Unterbetten hindurch dringt und sich in der Stube in Pfützen sammelt. Sie fallen in sich zusammen wie mit Wasser gefüllte Blasen, in die man Löcher sticht. In der Tat ähnelten diese Kranken Gespenstern.

„Dieser Trieb der Säfte an die Oberfläche kommt nur am Anfang", sagte er laut. „Später saugt der Körper die Feuchtigkeit auf und setzt sie nach innen ab. Sofern Hautschäden bestehen, verwende ich vorsichtig zusätzliche Umschläge mit kaltem Wasser. Bei hartnäckigen Krankheiten, zum Beispiel bei Scharlach, setze ich meine Stundenkur ein. Die nassen Tücher werden innerhalb vierundzwanzig Stunden drei bis viermal erneuert. Sobald die kalten Tücher mit der heißen Haut in Berührung kommen, erhöht sich der Hautreiz. Nach der Behandlung empfehle ich eine langsame Abkühlung, dann sollen die Patienten ins Freie gehen."

Die Argumentation schien dem Vorsitzenden einzuleuchten. „Aber ich habe noch eine Frage", sagte er. „Sie verwenden nichts als reines Wasser für ihre Schwitzpackungen, aber sie geben Ihren Kranken nur wenig zu trinken. Wieso?"

Schroth dachte an seine Erfahrungen mit den Verwundeten. Es hatte sich auch bei seinen Patienten bewährt.

„Kaltes Wasser führt zur Entzündung der Därme und verstärkt die Krankheit. Allenfalls gebe ich etwas Wasser, wenn meine Kur den Schweiß bewirkt. Nur dann unterstützt das Wasser die Ausscheidung. Nach dem Schwitzen darf nicht mehr getrunken werden. Ich sehe die

Wirkung meiner Kur vor allem an der Zunge, die sich dick mit Schleim überzieht. Der Atem riecht faulig und dem Kranken vergeht schließlich der Appetit und der Durst, im Gegenteil, beides erzeugt Widerwillen. Wenn die Genesung fortschreitet, nimmt der Appetit zu und das Verlangen nach Wasser steigt. Dann wird es auch nicht mehr verweigert."

„Auf dem Gräfenberg sagt man, Eure Kur sei eine Hungerkur, und man nennt Sie den Hungerdoktor."

An der Art, wie Schroth den Atem anhielt, erkannte er, dass er einen ziemlich wunden Punkt getroffen hatte.

„Diese Behauptung ist nicht richtig", bekräftigte Schroth. „Ich erzwinge den Hunger nicht, ich gebe ihm nur eine andere Richtung. In einer Art Gastritis, die sich entwickelt, hört das Verlangen nach Speise und Trank auf und der Wunsch nach Nahrungsaufnahme vergeht über einen gewissen Zeitraum, der niemandem schadet. Zwar sinkt der Puls und wird sehr langsam, oft sind es nur noch an die dreißig Schläge in der Minute. Gleichzeitig magern die meisten Kranken sehr stark ab. Ein wichtiges Zeichen ist auch die oft langwierige Stuhlverstopfung. Manche haben über zweiunddreißig Tage keinen Stuhlgang. Diese Verzögerung bemerkt man hauptsächlich bei Krankheiten der inneren Organe, die aus der Unregelmäßigkeit der Verdauung entstanden sind. Diese Krise zeigt die Kräftigung an. Einen Maurer habe ich geheilt, der jahrelang an Gicht litt. Nach fünfundzwanzig Tagen Verstopfung bekam er fünfunddreißig Stuhlgänge innerhalb von drei Tagen. Dadurch wurde der Rest der schädlichen Stoffe abgeführt."

„Die hauptsächlichen Schwierigkeiten sind im Urin zu finden", fuhr Schroth fort. „Anfangs ist er gewöhnlich hell und zurückhaltend. Im Verlauf der Kur wird er trüb und hat einen starken Bodensatz, die Menge nimmt zu. Dieser starke Abgang ist bei der fast gänzlichen Enthaltung von Speisen und Getränken eine merkwürdige Erscheinung. Für mich ist es ein untrügliches Zeichen dafür, dass die Natur auf einem günstigen Weg ist und die Reinigung und Heilung vollzieht. Sobald aber jemand heimlich Wasser trinkt, wird der Urin wieder hell und die Besserung steht still."

„Diese Kur zerrüttet die Verdauungswerkzeuge", sagte der Vorsitzende, „jedenfalls wird das von meinen ärztlichen Kollegen behauptet, die auf dem Gräfenberg studieren."

„Im Gegenteil. Bei großer Körperschwäche erhalten die Kranken nach drei Wochen eine gesunde Hausmannskost, um sie zu kräftigen und sie nach dieser Pause in den zweiten Teil meiner Kur, die Hauptkur zu überführen. Diese Kost vertragen sie trotz des angeblich geschwächten Magens sehr gut, sofern sie sich mäßigen. Morgens geben wir abgekochte Kartoffeln und am Mittag halbweiche Möhren. Der zweite Teil der Kur, die Hauptkur, verläuft dann wieder genau so streng wie der Beginn."

Theresia Schroth betrat das Zimmer. Sie sorgte sich um Johann, um dessen Gesundheit es nicht zum Besten stand. Er opferte sich nach ihrer Meinung zu sehr auf für seine Kranken, war oft tagelang unterwegs, um sie zu versorgen. Nur sie wusste, dass es das Herz war. Schon der Vater hatte an dieser Krankheit gelitten und nun verschlimmerte sie sich auch bei Johann von Jahr zu Jahr.

„Die Herren wünschen sicher ein warmes Getränk, vielleicht eine Tasse von unserem guten Malzkaffee, dazu einen Mohnstriezel, von dem wir uns zum Weihnachtsfest einen großen Vorrat angelegt haben. Die Kinder essen sie so gerne."

Hinter Mutters Rockzipfel lugten schüchtern die Kinder hervor, Johann, Emanuel und die kleine Anna.

„Leider, leider, gnädige Frau", sagte der Wortführer galant, „wir müssen weiter."

Er brachte es nicht übers Herz zu sagen, dass Staatsbeamte nicht bestochen werden durften. Auch nicht mit Malzkaffee und Gebäck. Seine beiden Begleiter schielten begehrlich nach den Mohnstriezeln. Der Kaffeeduft kitzelte ihre Nasen. Aber sie fügten sich ins Unvermeidliche.

„Ehe wir aufbrechen, noch eine Frage, meine Herren." Er wandte sich an Bleile, der als stiller Zuhörer die Diskussion aufmerksam verfolgt hatte. „Wie ist Ihre Stellung hier im Haus? Stehen Sie in Diensten des Hausherren?"

Statt seiner antwortete Johann Schroth. „Herr Bleile steht in Diensten der Wasserheilanstalt Brunnthal bei München, der bayerischen Landeshauptstadt. Er ist dort erster Badediener und soll Vorstand werden. Um seine guten Kenntnisse zu vertiefen ist er zum Studium der Heilweisen auf dem Gräfenberg und bei mir angetreten. Er ist ein eigener Kopf und macht sich viele Gedanken. Ich denke, er wird es weit bringen. Noch mehr freuen würde es mich, wenn er auch meine Methode zum Wohl der Bewohner des Königreiches Bayern und seiner Hauptstadt München einbringen würde."

Bleile fühlte, wie das Blut in seinen Kopf stieg, aber nicht aus Ärger, sondern weil ihm das Lob aus diesem berufenen Mund schmeichelte.

„Meine verehrten Herren aus der von mir sehr bewunderten Stadt Wien, in der ich erst kürzlich die Ehre hatte, dort einige Zeit verbringen zu dürfen."

Bleile verschwieg, dass es in Wirklichkeit nur wenige Stunden gewesen waren, aber so wirkte es weltmännischer.

„Ich darf die Worte des verehrten Herrn Schroth nur unterstreichen. Seine Methode, die nur auf der Anwendung von reinem Wasser beruht, ist so genial wie die des hochverehrten Meisters Vinzenz Prießnitz und wie die Wasserkuren von Doktor Josef Weiß in Freiwaldau. Und so weit ich es beurteilen kann sind die Heilerfolge, besonders bei fast todgeweihten Kranken, ebenfalls überzeugend."

Bleile bemerkte mit Freude, dass die Herren seinen Worten sehr aufmerksam lauschten. Deshalb betonte er jedes weitere seiner Worte.

„Ich weiß, wovon ich spreche. Ich habe mich von einer schweren Krankheit mit Wasseranwendungen selbst geheilt. Seitdem gilt mein ganzes Streben der Erforschung der Wasserheilkunde, die ich selbst ausübe. Das Problem liegt darin, dass wir nicht studiert haben. Aber wer heilt, hat recht. Auch ich wurde angefeindet. Vor mehr als einem Jahr habe ich an den König von Bayern direkt das Ansuchen gestellt, selbst heilen zu dürfen. Ich habe, natürlich mit größten Schwierigkeiten, von ihm persönlich die Erlaubnis erhalten. Mein Traum ist eine eigene Anstalt. Auch das werde ich schaffen."

Die Herren machten große Augen, nickten sich vielsagend zu. Noch ein Wasserheiler, dachten sie, und dazu noch ein Königlich Bayerischer. Mussten diese Bayern samt ihrem König überall ihre Nase hineinstecken?

„Ich darf vorab keine Ergebnisse bekannt geben", sagte der Vorsitzende sehr ernst und griff nach seinem Mantel.

„Die hochlöbliche Hofkanzlei wird das Gesuch nochmals eingehend prüfen. Seine durchlauchtigste Majestät, Kaiser Ferdinand, ist kränklich und kümmert sich kaum noch um die Staatsgeschäfte. Unser Kanzler Metternich wird es richten, denn er ist befreundet mit einem Schwager des Herrn Prießnitz, der im Domkapitular zu Wien als Geistlicher wirkt. Ich verrate damit keine Geheimnisse. Sie wissen es bereits. Bis zum Frühjahr erhalten Sie unseren Bescheid. Aber so viel kann ich Ihnen heute schon sagen, sehr verehrter Herr Schroth: Ihre Badeanstalt kann ohne ärztliche und ortspolizeiliche Überwachung und Aufsicht nicht genehmigt werden. Auch Prießnitz untersteht diesem Zwang. Trösten Sie sich, er macht trotzdem die allerbesten Geschäfte."

Die Herren der kaiserlichen Delegation waren kaum durch die Tür entschwunden, als Bleile seinem Zorn unverzüglich Luft verschaffte.

„Johann", sagte er, „diese so genannten Sachverständigen sind mit Blindheit geschlagen. Du wirst zwar dein kaiserliches Dekret bekommen, wie Prießnitz und auch ich, aber die Bürokratie wird uns ewig zügeln und gängeln mit ihren hirnrissigen Vorschriften. Mein Dienstherr ruft mich nach München zurück, ich werde Vorstand der Wasserheilanstalt Brunnthal. Geschult, geprüft und mit bestem Leumund versehen von Prießnitz, Schroth und Weiß. Eine gute Reklame! Damit wird er seinen

Gewinn erheblich steigern. Aber mein Streben ist und bleibt die eigene Kuranstalt. Und ich will und kann es nicht einsehen, warum mir ein Arzt vor die Nase gesetzt wird! Ich gebe meinen Kampf nicht auf, komme was wolle!"

Behandlungsliege für Lichttherapie (um 1900)

9. Eine neue Zeit

Der herbstliche Viehmarkt war in Staufen und vielen anderen Orten im Allgäu jedes Jahr ein Höhepunkt im bäuerlichen Leben und zugleich der Abschied vom Bergsommer. Angeboten wurde meist stattliches Zuchtvieh aus den heimischen Ställen und kräftige Rinder, die den Sommer über auf den Alpweiden verbracht hatten und nun entweder an ihre Besitzer zurückgegeben oder an neue Halter verkauft wurden.

Joseph Bleile, dessen wenige Tage seines Aufenthalts bei den Freunden in Staufen sich dem Ende zuneigten, kämpfte sich zwischen heftig diskutierenden Viehhändlern und Bauern, prächtigen, mit Blumengebinden, Spiegeln und Schellen geschmückten Kranzkühen und bockbeinig ausschlagendem Jungvieh hindurch zum Adlerwirt, der neben dem Gasthaus zum Löwen, dem Käselager des Aurel Stadler, der Schranne und der offensichtlich mehr als baufälligen gotischen Pfarrkirche St. Peter und Paul das markanteste Gebäude am Kirchplatz war.

„Höchste Zeit, dass hier gepflastert wird", sagte Bleile mit spöttischem Sarkasmus in der Stimme, als er die mit Rauch und Bierdunst geschwängerte Wirtsstube betrat und vergeblich versuchte, seine mit einer dicken Schicht aus Lehm und Kuhmist überzogenen Schuhe zu reinigen.

„In Immenstadt, da könnt ihr euch ein Beispiel nehmen, sind die Hauptstraßen wunderbar gepflastert und man macht sich nicht mehr schmutzig, wie das Wetter auch sein mag. Von München will ich hier gar nicht reden, das könnt ihr euch sowieso nicht vorstellen. Da sind die Straßen nicht nur gepflastert, vom Feinsten natürlich, sondern sogar auch noch beleuchtet!"

Trotz dieser Kritik hatte sich das bunt gewürfelte Volk am Stammtisch ehrerbietig erhoben, um den berühmten Sohn des Dorfes Joseph Bleile aus der Landeshauptstadt gebührend zu begrüßen. Keiner verriet, dass ihnen Pfarrer Brommer das gehörige Benehmen zuvor strengstens eingeschärft hatte.

Unverhohlene, neugierige, aber auch spöttische Blicke streiften Bleile, der sich einen Krug mit schlichtem Brunnenwasser bestellt hatte. Die anderen am Tisch mit der zerfurchten Platte aus weiß gescheuertem Ahornholz stemmten ihre Maßkrüge, die sie ständig mit dem passablen Bier aus der Schlossbrauerei nachfüllen ließen.

„Joseph", sagte Bürgermeister Elgaß zuvorkommend, „es wird nur eine Frage der Zeit sein, bis wir uns das leisten können. Die König Ludwig Bahn wird nächstes Jahr durchgehend befahrbar sein und uns einen noch niemals zuvor erlebten wirtschaftlichen Aufschwung bringen. Stell dir vor, die Holztransporte aus dem gesamten Vorderen Bregenzer Wald werden in der Staufner Station in die Eisenbahn verladen. Ich könnte mir heute noch die Haare raufen, dass unser damaliger Gemeinderat bis nach München gereist ist, um eine Abzweigung der Bahn über den Wald nach Bregenz zu beantragen. Da wären uns alle Felle weggeschwommen, die hätten das Holz woanders verladen, vielleicht in Krumbach oder Hittisau, aber nicht bei uns. Auch der Käsehandel, mit dem uns Aurel Stadler weithin bekannt gemacht hat, wird durch den Export noch mehr aufblühen. Und der Hirnbein redet dauernd davon, dass man mit der Bahn auch Reisende, also reiche Leute, die anscheinend keine Geschäfte machen wollen, sondern nur Ruhe und gute Luft suchen, ins Land bringen könnte. Jetzt plant er bereits ein Gasthaus auf dem Grünten. Er will die Leute samt Gepäck mit Maultieren auf den Berg transportieren. Der ist doch nicht ganz recht im Kopf!"

Der Bürgermeister lachte und mit ihm die ganze Runde.

„Ausgerechnet zu uns sollen fremde Reisende kommen, die sich erholen wollen. Zu uns, ins Armenhaus der Nation! Wo sollen sie denn wohnen? Vielleicht in den Verschlägen der Bahnarbeiter, wenn die weiter gezogen sind?"

Bleile, der persönlich erlebt hatte, wie weit die Menschen reisen und ungeahnte Strapazen auf sich nehmen, nur um gesund zu werden, schüttelte missbilligend den Kopf. Sicher, die Eisenbahn war ein Segen, München war bereits ein Knotenpunkt und hunderte von Reisenden strömten täglich mit der Bahn in die Stadt. Auch ein Teil seiner Patienten reiste mit der Bahn.

In Staufen schlug die Bahntrasse eine breite Schneise in den gewachsenen Ort. Einige Häuser mussten weichen. Aber die Handwerker hatten alle Hände voll zu tun. Selbst sein Bruder, der Matthias, hatte seine Schmiede vergrößert und reparierte den Bahnarbeitern die Gerätschaften, die sich bei der harten Arbeit schnell abnützten. Nicht nur der Bau des Viadukts bei Hinterstaufen, dicht vor seinem Elternhaus, des 170 Meter hohen Steindamms bei Bad Rain und ganz besonders der Durchbruch des Tunnels durch den Staufenberg vor dem Bahnhofsgebäude war eine gewaltige Leistung der Ingenieure und Arbeiter. Der Herrgottsbeton widersetzte sich jeglicher Sprengung und musste mit knochenharter Handarbeit angebohrt werden.

Und nicht nur im Elternhaus, in vielen anderen Bauernhäusern entlang der Baustelle, zimmerten die Eigentümer schlichte Kammern zur Unterbringung der Bahnarbeiter, ohne Fenster, ähnlich den Verschlägen für das Vieh oder den Kojen der Matrosen auf den Segelschiffen. Die genügsamen Bewohner waren meist Fremdlinge, die in einer unverständlichen Sprache redeten und abwechselnd in Schichten schliefen. Aber es brachte bares Geld in die Taschen, und davon profitierten die meisten im Ort, auch die Händler.

Fidel Mahler wandte sich an den Bürgermeister.

„Ich habe mit eigenen Augen gesehen, wie die Wasserheilanstalt unseres werten Josephs in Thalkirchen floriert. Nicht nur aus Bayern kommen die Leute, nein auch von weit her, um gesund zu werden. Und seit es die Bahn gibt, werden es täglich mehr. Bald wird das Eisenbahnnetz in Deutschland mehrere tausend Kilometer umfassen. Stellt euch vor! Wie wäre es, wenn der Joseph bei uns eine Filiale gründen würde? Wir haben doch schon ein heilsames Schwefelbad im Rain, das man ausbauen könnte. Und dazu sollten Wasserkuren hinzu kommen nach Prießnitz oder Schroth. Das stünde uns gut zu Gesicht."

Pfarrer Brommer nickte beifällig. König Ludwig hatte ihm noch zu Regierungszeiten den Neubau seiner längst baufälligen Pfarrkirche genehmigt. Er drängte auf den baldigen Baubeginn. Mehr Gläubige brachten auch mehr Geld. Spenden erhoffte er sich vor allem von den Armen, die Reichen hockten auf dem Geldsack und gaben meistens nichts.

Eine Frau um die Vierzig mit einem hübschen Gesicht wandte sich Bleile zu. Sie öffnete ein buntes Tuch, dass sie um den Hals trug. Tiefe Narben kamen zum Vorschein.

„Kennst mich nimmer, Joseph", sagte sie, „du warst mein Retter damals, vor zwölf Jahren."

Bleile hatte ein ausgezeichnetes Erinnerungsvermögen.

„Aber sicher, du bist doch die Agatha Gorbach. Die mit dem knotigen Hals, die von mehr als zehn Ärzten behandelt wurde. Sie haben an deinen Knoten herumgeschnitten, wodurch sich das Übel verschlimmerte! Ich erinnere mich. Eitergeschwülste, groß wie Hühnereier, es sah gar nicht gut aus. Und nichts half, auch nicht das scheußliche Mercurius, die Quecksilbermedizin. Dadurch ist alles noch viel schlimmer geworden. Deine Mutter starb an der selben Krankheit."

„Ja, meine Eltern konnten die Kosten für die Ärzte nur tragen bis ich fünfzehn war. Zweihundert Gulden waren weg und man sah keine Besserung. Erst deine Kur hat mir geholfen. Das Wassertrinken, die Waschungen, die kalten Umschläge und das Schwitzen. Während der ersten Frühlingstage habe ich auf deinen Rat hin im eiskalten Gebirgsbach gebadet."

Agatha lächelte verschämt. Sie war damals nackt in den Bach gestiegen. Zum Glück hatte es niemand gesehen.

Bleile lächelte ebenfalls. „Ja, das waren meine bescheidenen Anfänge. Damals behauptete ich noch voreilig, dass mir keine Kur misslingen würde. Mein Optimismus war grenzenlos. Inzwischen habe ich viel dazu gelernt. Meine Methoden haben sich weiter entwickelt, wie es mir meine Lehrmeister vormachten. Du bist gesund geworden, Agatha. Ich sehe es dir an, lese es aus deinem glücklichen Lächeln."

„Was ist nun mit einer Filiale, Bleile, einer Wasserheilanstalt in Staufen?", warf der greise Lehrer Roder ein, der, wie alle Jahre, auf einen knorrigen Stock gestützt, den weiten Weg durchs Weißachtal von Aach herauf gewandert war, um beim Viehmarkt dabei zu sein.

„Du hast damals meiner Schwester geholfen, die zuvor vergebens bei vielen Ärzten und Badern war, weißt du es noch, als sie den bösen Fuß gehabt hat? Du hast sie unentgeltlich behandelt. Ich habe dich oft in mein Dankgebet eingeschlossen!"

„Liebe Freunde", sagte Bleile leutselig und zählte bei diesen Worten nach, wie viele am Tisch, die ihm jetzt freundlich zunickten, noch vor wenigen Jahren seine Feinde gewesen waren. Hatte nicht derselbe Gemeindevorsteher, damals noch nicht im Amt, aber schon ein bekannter Hitzkopf, öffentlich verbreitet, er sei froh, dass „dieser Nichtsnutz" Bleile endlich von Staufen verschwand? Zu den Hinterwäldlern im Bergstätt, wo er am besten aufgehoben war!

„Meine Meinung dazu ist, dass jeder Schuster bei seinem Leisten bleiben soll."

Das hätte mein Onkel, der Corneli, Gott hab ihn selig, auch gesagt, fuhr es ihm durch den Kopf. Laut aber sagte er:

„Eine Wasserheilanstalt gehört in die Nähe der großen Städte, in eine geeignete Umgebung. Sie braucht die feine Gesellschaft als Kunden. Gesunde Quellen, weitläufige Auen, gute Luft, gepflasterte Straßen. Es wäre ein hohes Risiko, eine solche Sache in Staufen zu finanzieren und zu betreiben. Allenfalls müsstet ihr mir einen Geldgeber besorgen, selbst dann würde ich es mir noch gründlich überlegen. Die Wasserkur braucht einen guten Geist, jemand, der sich um die Patienten sorgt, sie überwacht und leitet, ihnen Beistand leistet, wenn sie schwach und müde werden. Der immer für sie da ist. Ich wüsste hier niemanden, dem ich diese Aufgabe übertragen könnte."

Die wenigen Tage in der Heimat waren rasch, allzu rasch vergangen. Bleile drängte auf die Rückkehr. Theresia wartete mit allerlei geschäftlichen Sorgen und außerdem packte ihn urplötzlich die Sehnsucht nach seiner Familie, nach seinem Sohn. Er hatte die Extrapost nach Hinterstaufen bestellt, wollte noch von der Mutter und den Brüdern Abschied nehmen.

Zwei Jahre war es her seit seinem letzten Besuch. Die ehemals idyllische Heimat war kaum noch zu erkennen. Die Hälfte des Grundstücks um das Elternhaus nahm jetzt der Bahndamm ein, der sich wie ein Fremdkörper an die Abhänge des Staufenbergs schmiegte. Der ganze Hof war ein einziges Lager, gefüllt mit Baustoffen, Kies, Sand, Geröll, Quadersteinen, Schwellen und seltsames Eisengestänge, dessen Sinn verborgen blieb.

Franz Xaver bewirtschaftete den Hof, der durch einen Anbau wesentlich größer und stattlicher wirkte als früher. Nur die Äcker hinterm Haus nach Thalkirchdorf hin waren unberührt geblieben. Und auch im Wald und auf der Alpe gab es genügend zu tun. Alles, was der Hof produzierte, wurde direkt an die Arbeiter verkauft. Der Mutter waren die Hühner und die Geißen geblieben und sie bezog ein gutes Taschengeld aus dem Verkauf von Milch, Käse und Eiern. Mehr konnte sie nicht tun, sie war erschreckend abgemagert. Seit Joseph weggezogen und Johannes gestorben war, galt ihre ganze Sorge den Söhnen auf dem Hof, die unverheiratet geblieben waren.

Matthias, der Schmied, schmiedete schon lange keine Nägel mehr. Die Industrie hatte alles überholt. Fabriknägel gab es bei Eisenhändlern viel billiger als man sie selbst herstellen konnte. Onkel Corneli hatte mit seiner Weissagung Recht behalten. Wie hätte er sich gefreut, wenn er das Zischen, Fauchen und Stampfen der Dampflokomotiven noch erlebt hätte, das sanfte Rollen der Wagen auf den glatten Schienen.

Bleile hatte sich schon verschiedet. Es gab keine große Zeremonien, man drückte sich stumm die Hand. Die Liebe zur Familie strahlte nicht nach außen, sie war im Herzen.

Als die Kutsche vorfuhr, eilte Mutter Creszentia noch einmal zurück ins Haus und kam mit einer Zeitung zurück. Bleile las den Titel: Münchner Volksbote, 27. April 1850. Es war das Datum seines letzten Besuchs.

Die Formalitäten für den Grundverkauf an die Eisenbahngesellschaft waren zu regeln.

„Joseph, die hast du bei deinem letzten Besuch vergessen", sagte Creszentia. „Ich habe sie für dich aufbewahrt." Ihre Augen, die tief in den überschatteten Höhlen lagen, leuchteten vor Stolz. Ja, sie war stolz auf ihren Joseph, den Doktor, wie sie ihn im Dorf respektvoll nannten. Sie hatte es immer gewusst.

„Mutter", sagte Joseph sanft und er konnte die Tränen der Rührung, die ihm in die Augen schossen, nur mühsam zurück halten. „Mutter, das ist eine alte Zeitung. Mit der kann keiner mehr was anfangen. Ihr solltet sie doch nicht für mich aufbewahren, man liest die Zeitung und wirft sie dann weg."

Die Reaktion der Mutter war verständlich. Im Allgäu gab es noch keine Zeitung. In München dagegen und in vielen anderen Städten erschienen bereits mehrere, und nicht immer war alles gut, was darin geschrieben stand. Die Nachrichten schürten nur die Ängste. Man könnte glücklicher Leben, wenn man nicht alles wüsste.

„Wie du meinst", sagte die Mutter und ihre blasse Gesichtsfarbe unter dem schlohweißen Haar rötete sich wie bei einem jungen Mädchen. „Bald kommt der Winter, dann wird es in meiner Kammer eisig kalt und die Gicht wird mich plagen. Die Feuchtigkeit gefriert an den rohen Wänden. Matthias soll mir mit der Zeitung die Wände tapezieren, dann bleibt die Kälte draußen."

Das Wetter hatte sich verschlechtert, der Herbst kam ins Land. Nebelschwaden zogen auf, als die Eilpost durch das Tal rollte, dem Alpsee zu. Joseph Bleile zog seinen Mantel fester an den Leib. Er schwor sich, der Mutter noch viele gebrauchte Zeitungen aus München zu schicken, noch vor dem Winter.

10. Thalkirchen

Die Abendsonne begann ihren Abstieg hinter den Horizont. Letzte Strahlen legten sich wie eine Monstranz um den helmförmigen Turm der barocken Wallfahrtskirche Maria Einsiedeln in Thalkirchen, einem freundlichen Ort am linken Ufer der Isar, inmitten sanfter Anhöhen und mit einem malerischen Blick auf die Berge der bayerischen Hochalpen.

Flöße aus riesigen Baumstämmen, die mit schweren Tauen fest verbunden waren, schossen mit Knallen und Zischen durch die nicht ungefährlichen Stromschnellen flussabwärts, der Landeshauptstadt zu. Das Tosen des Wassers und das Geräusch der Flöße wurde nur noch übertönt von den lautstarken Zurufen der Flößerknechte, deren Kunst darin bestand, die Stämme unversehrt zwischen den Sandbänken durch die Stromschnellen zu steuern.

Unweit des Ufers, nur durch einen Fußweg und einer Fahrstraße für Gespanne getrennt, stand mitten in einer weitläufigen Grünanlage ein neues, fast herrschaftlich anmutendes Gebäude. Die lang gezogene, nach Osten zum Fluss hin ausgerichtete zweistöckige Front wies neun Fenster in jeder Reihe auf. Eine deutlich abgesetzte Giebelfront trennte das Haupthaus von den Wirtschaftsgebäuden.

Auf einem Schild über dem Eingang stand mit großen Lettern: „Kaltwasser-Badeanstalt Thalkirchen". Und etwas kleiner darunter: „Besitzer Joseph Bleile".

Dicht daneben sah man einen seltsam anmutenden, quadratischen Baukörper mit einem weit heruntergezogenen Dach, in dessen Mitte ein Turm mit Spitzdach haushoch emporragte.

Es sah aus wie ein Pavillon, fast wie ein chinesischer Tempel. Jeder fragte sich, was das zu bedeuten hatte.

Die Wasserheilanstalt war eröffnet. Den ganzen Tag hindurch strömten Neugierige herbei, nicht etwa nur aus den etwa fünfzig Häusern, die das Dorf Thalkirchen ausmachten, wobei es noch die prächtige Kirche, ein Schulgebäude, drei Gasthäuser, die Mahlmühle, eine Schneide- und Gipsmühle und drei Öfen gab, in denen Zement und Kalk gebrannt wurde. Dank der guten Reklame, die Baptista Vanoni in seinem „Münchner Tagblatt" gemacht hatte, strömten auch Besucher aus den etwas weiter entfernten Ortschaften herbei, aus Sendling, Neuhofen, Hesselohe, Harlaching, Nymphenburg und aus der Menterschwaige.

Joseph Bleile hatte es sich nicht nehmen lassen, die Besucher in kleinen Gruppen persönlich durch die neue Anstalt zu führen.

Das rund achtzig Meter lange Gebäude beherbergte nicht weniger als zweiundsiebzig Zimmer in verschiedener Größen, die nach neuesten, gesunden Maßstäben und Erkenntnissen freundlich eingerichtet und möbliert waren. Ferner gab es vier Badezimmer, die so geschickt angeordnet waren, dass man sie von jedem Zimmer aus erreichte. Außerdem standen genügend kupferne Wannen zum Baden zur Verfügung. Und im hellen, geräumigen Speisesaal war genügend Platz für alle Patienten. Die Küche und die Vorratsräume im Keller standen unter der Regie der Hausfrau, Theresia Bleile.

„Speisen und Getränke, die sich mit der Kaltwasserkur nicht vertragen, werden bei uns auch nicht gegeben," erklärte Bleile und wies liebevoll auf seine Gattin, die dem Küchenpersonal letzte Anweisungen erteilte. In großen eisernen Töpfen und Pfannen wurde das Festessen vorbereitet.

„Alles wird sehr schmackhaft zubereitet. Die Mittagskost besteht vorwiegend aus Suppe, Ochsenfleisch, Gemüse, einer Mehlspeise, Ragout oder auch Braten, dazu gibt es Salat. Zum Frühstück und Abendessen reichen wir in der Regel frische kalte Milch, Weißbrot, Butter, Honig und Obst."

Bleile verwies mit besonderem Stolz auf Errungenschaften, die der Unterhaltung und Zerstreuung der Badegäste dienten. Neben dem Billardzimmer gab es eine Kegelbahn, einen Raum mit einem Piano für Konzerte und eine Bücherei, die mit einer reichhaltigen Sammlung von Büchern und Schriften bestückt war. Die Themen bezogen sich vorwiegend auf die

Kaltwasser-Heilkunde. Ein Hinweis besagte, dass man aus den Münchner Leihbibliotheken gegen eine geringe Gebühr alle erdenklichen Schriften ordern konnte, um sie in Muße zu lesen.

„Ich empfehle auch Spaziergänge in unserem weitläufigen Garten und Wanderungen in die herrliche Umgebung, in die Auen des Isartals, zum Hellabrunn und den anderen kristallklaren Quellen. Unser eigenes Quellwasser führen wir in gusseisernen Röhren von einer Anhöhe hinter unserer Anstalt herunter zu unserem Trinkbrunnen und zu den Bädern."

Bleile verschwieg bei dem Hinweis auf die Wanderungen, dass man die meisten Patienten nur mit Nachdruck und meist ohne Erfolg dazu bekehren konnte, ihre angestammte Bequemlichkeit zu überwinden.

Nach der Besichtigung des Haupthauses drängten alle zu dem seltsamen hölzernen Gebäude, das etwa zwanzig Schritte entfernt war.

Jedes mal, wenn Bleile die Tür öffnete, ging ein Raunen durch die Menge. Geheimnisvolle kupferne Röhren schlängelten sich vom Turm mit der Wasserreserve in die einzelnen gekachelten Abteilungen, in denen sich die Vorrichtungen für die Duschbäder, Regenbäder und die verschiedensten Wannen für Sitzbäder, Abreibungen und aufsteigende Bäder befanden. Mittelpunkt war ein großes Bassin für die allgemeinen kalten Anwendungen. Dort konnten sich mehrere Badegäste gemeinsam aufhalten.

Im Gegensatz zur Kuranstalt in Brunnthal, die sich in einem ehemaligen Schlossgebäude mit düsteren Gewölben befand, wirkte hier alles moderner und kompakter.

„Das ist das Herz meiner Badeanstalt", sagte Bleile, und seine Augen blitzten vor Freude. Er zeigte auf die hölzernen Wannen und Gestelle, die unter den Duschen und Wasseranschlüssen angebracht waren. „Hier erfolgen Tag für Tag die Prozeduren und Anwendungen von kaltem Wasser, je nachdem wie sie verordnet werden."

Ehe Bleile die Gruppen in den Park entließ, hielt er einen kurzen Vortrag über, wie er es nannte, „die Wasserheilanstalt überhaupt".

Dampfkasten-Wannenbad in Thalkirchen

Speisesaal in Thalkirchen

„Meine Damen und Herren, die unerlässlichste Vorbedingung für eine Kaltwasseranstalt ist die Leitung durch einen uneigennützigen und gewissenhaften Menschenfreund. Dazu braucht es Sachkenntnis, Erfahrung und Umsicht, also kurz gesagt eine Persönlichkeit, die allen Kurgästen ohne Unterscheidung des Ranges und des Vermögens die gleiche zuvorkommende Behandlung zukommen lässt und sie mit der Wirkung der Heilmethode vertraut macht. Er muss auf die Individualität seiner Patienten eingehen, darf Hilfe, Rat und Trost nicht zurückweisen. Der Behandlung darf keineswegs Gewinnsucht zu Grunde liegen, sondern nur der innere Antrieb, Gutes zu tun, um schließlich, wenn auch oft mühsam und erschreckend, zum Ziel der wieder erlangten Gesundheit zu gelangen."

Niemand in der Runde zweifelte daran, dass Bleile selbst diese Persönlichkeit war. Aus Brunnthal war ihm ein guter Ruf voraus geeilt. Und schließlich hatte Bleile selbst durch einige geschickt platzierte Veröffentlichungen in einschlägigen Schriften für beste Reklame gesorgt.

„Die Wasserheilkunde, also die Heilung durch Wasser oder Hydrotherapie, wie wir Fachleute es nennen, vollzieht sich auf die natürlichste, einfachste Art und Weise ohne alle medizinische Beihilfe. Reines Wasser, charakterisiert durch seine Flüssigkeit und Kälte, ergänzt durch die Diät, Luft, Ruhe und mäßige Bewegung, weckt die im Körper vorhandenen Urkräfte, stärkt sie und hebt sie so weit an, dass alle Krankheitsstoffe ausgeschieden werden, die Blutgefäße sich reinigen und die regelmäßigen Funktionen des gestörten Organismus zurückkehren. Wir erzielen sogar eine radikale Heilung bei Kranken, die von Ärzten als unheilbar aufgegeben wurden. Dazu zählen Nervenfieber, Scharlach, Masern, Röteln, Cholera, Grippe, Erkältungen, Angina, Katarrhe und Entzündungen aller Art, ferner Folgeschäden und das Siechtum, das auf der Einnahme von Quecksilber enthaltenden Medikamenten beruht. Die Wasserkur hilft auch bei Hautkrankheiten, der Skrofelgeschwulst der Knochen, auch englische Krankheit genannt, und Geschwüren, Nesselsucht, Rotlauf und Flechten, bei Über- und Fehlernährung, Bleisucht und Bräune, Gelbsucht, Urin- und Steinbeschwerden, Nervenleiden und Geisteskrankheiten, selbst Lähmungen und Krämpfe werden erfolgreich behandelt."

Bleile hätte noch weitaus mehr Erkrankungen aus seiner reichen Erfahrung benennen können. Er wusste aber, dass er seine Zuhörerschaft bereits mehr als nötig strapaziert hatte ob der Vielzahl an Malheuren, die einem normalen Christenmenschen passieren konnten.

Die meisten waren froh, dass sie sich anschließend in dem aus filigranem Gitterwerk komponierten Pavillon, der den Mittelpunkt des weitläufigen Gartens bildete, eine Pause gönnen konnten. Zumal dort für jeden Besucher ein Glas köstlich duftender Waldmeisterbowle als Erfrischung bereit stand.

Der Salzstößler Karl Lindinger blickte zufrieden um sich. Der Speisesaal des Kurhauses war zwar nicht üppig, dafür aber sehr gediegen ausgestattet. Für die Hausgäste gab es ausreichend Tische und Sitzgelegenheiten aus fein poliertem ausländischem Holz. Breite Anrichten in der gleichen Farbe mit ausladenden, geschwungenen Glasscheiben beherbergten eine Fülle von Gläsern und Geschirr aus namhaften bayerischen Manufakturen. Und an der Decke hingen Kronleuchter aus geschliffenem böhmischen Glas, das im festlichen Kerzenlicht wie Diamanten funkelte.

Lindinger hatte sich mit seinem Schicksal längst ausgesöhnt. Dabei hatte es nicht gut begonnen. Schon als ihm Frau und Tochter nach ihrer Rückkehr vom Gräfenberg überschwänglich berichteten, wie sie die Bekanntschaft des äußerst begabten, geschickten, liebenswürdigen und fleißigen Vorstandes der renommierten Kuranstalt Brunnthal gemacht hatten, schwante ihm nichts Gutes. Die wechselnde Röte und Blässe im Gesicht seiner Tochter Theresia, seinem bisher vor allen Gefahren sorgsam behüteten einzigen Kind, kündete von der nahenden Katastrophe. Sie hatte sich in dieses Individuum bis über beide Ohren verliebt. Das konnte ein Blinder sehen.

Noch schlimmer war der Schock, der ihn traf, als er seinen künftigen Schwiegersohn, diesen Joseph Bleile, zum ersten Mal erblickte. Dieser knorrige, nicht mehr ganz junge Bursche, dazu noch ein Mensch mit einem furchtbar anzuhörenden Dialekt, war das Gegenteil des Idealbildes, das er von seinem Schwiegersohn hatte. Ein stattlicher Kaufmann wie er selber einer war, sollte es sein. Jemand, der den hohen Ansprüchen seines weit verzweigten Unternehmens genügte.

Lindinger kaufte in großen Mengen Rohsalz aus den Bergwerken bei Berchtesgaden. In seinem Münchner Betrieb wurde das grobe Material gereinigt, zerkleinert und schließlich konfektioniert. Allerdings, sein Traum, eines Tages königlicher Hoflieferant zu werden, hatte sich zu seinem Leidwesen bisher nicht erfüllt.

Bleile blieb die Abneigung des Vaters Lindinger nicht verborgen. Aber er war fest entschlossen, seine Anerkennung zu gewinnen. Der Schlüssel führte über die Gattin des Salzstößlers. Dank intensiver Wasseranwendungen und strikter Einhaltung der ihr verordneten gesunden Kost ging es mit ihr ständig aufwärts.

Die Wende kam früher als erwartet. Lindinger blieben die guten Beziehungen des Bademeisters Bleile zum Königshaus nicht lange verborgen. Es war frappierend, mit welch hochrangigen Herrschaften dieser Bleile umging wie mit seines Gleichen. Der Baron Bourgingnon, Oberstmeister Graf von Rechberg, der Verleger Vanoni, der Hoftierarzt Pestert, die Professoren Oertel und Kirchmayer. Einige durfte man sogar als überzeugte Patienten des Herrn Bleile bezeichnen. Zumindest waren alle gut auf ihn zu sprechen. Es musste doch etwas dran sein an diesem Bleile.

Letztlich empfand Lindinger nur noch Respekt und Ehrfurcht vor seinem Schwiegersohn. Das Wunder war geschehen! Ein Bote brachte die schriftliche Ernennung zum Hoflieferanten ins Haus! Das für die königliche Küche benötigte Salz durfte nunmehr ausschließlich von der Manufaktur Lindinger geliefert werden. Ob der hohen Qualität, mit der man sich bei Hofe äußerst zufrieden zeigte.

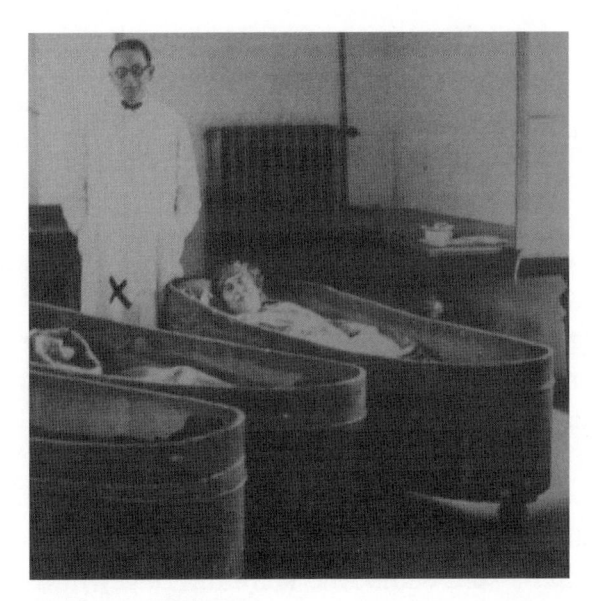

Beim Kaltwasserbaden

Duschraum in Thalkirchen

Lindinger gewährte seiner einzigen Tochter eine hohe Mitgift, die zusammen mit Josephs nicht unerheblichen Ersparnissen ausreichten, um von den Tischlermeisters-Eheleuten die Anwesen Isarthalstraße 82 und 84 zum Preis von 5.375 Gulden zu kaufen. Kurz darauf erfolgte die Grundsteinlegung für das umgewandelte Kaufobjekt.

Der Salzstößler fuhr erschrocken hoch, als die Kapelle einen Tusch spielte. Sein Schwiegersohn eröffnete die festliche Tafel.

„Dank und Anerkennung Ihnen allen, liebe Gäste", sagte Bleile in vollendeter Münchner Tonart. „Vor allem Ihnen, sehr verehrter geheimer Rat und Obersthofmeister, Karl Graf von Rechberg und Rothenlöwen als besonderem Kenner und Verehrer der Wasserheilkunde. Ihnen, Herr Baptista Vanoni als geschätzter Herausgeber des Münchner Tagblattes für Ihre unermüdliche Unterstützung und Werbung. Ihnen, Herr Doktor Buchner, der Sie mir ein guter ärztlicher Vorstand und Freund geworden sind. Auch Ihnen, mein verehrter ehemaliger Prinzipal Georg Mayer. Als Bademeister und Vorstand in Ihrer Wasser-Heilanstalt Brunnthal habe ich zuerst meine Kenntnisse darstellen dürfen. Sie haben mich gedrängt, die Reise zu Prießnitz, Weiß und Schroth zu machen, was ich niemals bereuen werde. Dank auch dir, lieber Fidel Mahler, getreuer Freund aus meiner Staufner Heimat. Deine Wasseruhr, die seit einigen Tagen in unserer Eingangshalle unablässig ihren Dienst verrichtet, ist ein weiteres großartiges Werk deiner unübertroffenen Uhrmacherkunst. Sie soll nur die schönen Stunden in diesem Haus zählen!"

In den Beifall der Anwesenden mischt sich der helle Klang der Gläser.

„Ganz besonders stoße ich auch auf dich an, meine liebe Theresia", sagte Bleile mit fester Stimme. „Danke für deine Liebe und Geduld, mit der du die langen, oft unangenehmen Wochen und Monate der Planung und des Baus begleitet hast. Unsere Küche und die Wirtschaftsräume sind dein Reich. Und natürlich danke ich ganz besonders euch, verehrte Schwiegereltern, ohne die ich heute nicht an dieser Stelle stehen würde. Ich verspreche euch, ich werde euer Vertrauen nicht enttäuschen."

„Und ohne unseren tüchtigen Schwiegersohn Joseph würde ich heute nicht hier sitzen", sagte Mutter Lindinger.

Alle nickten zustimmend und blickten bewundernd zu dieser tapferen Frau, die sich als geheilt betrachten durfte. Keiner hätte noch vor Jahren einen Pfifferling auf ihre Genesung verwettet. So ein Glück, dass sie diesem Bleile begegnet waren.

„Auch wenn ich mich noch schonen muss, mein Schwiegersohn hat mir das Leben gerettet und mir durch seine Wasserkuren die volle Gesundheit zurückgegeben", sagte sie voller Dankbarkeit.

„Onkel Fidel, zeig mir doch bitte nur noch ein einziges Mal, wie die Wasseruhr funktioniert!", bettelte der zwölfjährige Josef und sah mit großen Augen zu Fidel Mahler auf. „Wenn ich erwachsen bin, werde ich auch ein Uhrmacher, und ein so berühmter Konstrukteur wie dein Bruder, der Josef."

Nur Theresia bemerkte den flüchtigen Schatten in den Augen von Fidel Mahler. Sein älterer Bruder Josef war erst vor wenigen Wochen, im Juni des Jahres 1845, plötzlich gestorben. Viel zu früh mit knapp fünfzig Jahren. Die Witwe und die beiden unmündigen Kinder taten ihm Leid. Zuletzt war der Bruder Mitinhaber des Frauenhoferschen Optischen Instituts hier in München. Ein begnadeter Mechanikus, dachte Fidel. Sein Schmerz saß noch sehr tief.

„Komm mit mir, Bub, ich erkläre dir den Mechanismus. Das Wasser zieht mit seiner Kraft die Feder auf und diese treibt das Uhrwerk an. Es ist das Wasser, welches die Uhr in Gang hält."

„Dem pflichte ich bei", sagte Vanoni, „das Wasser und sein Meister, unser verehrter Wasserheiler Bleile, haben auch mein Leben wieder in Gang gebracht."

Vanoni war in Begleitung seiner zarten Gattin und zwei reizenden jungen Töchtern erschienen, goldgelockte Engel mit unschuldigen blauen Augen. Die Ältere, Julia, entwickelte sich sichtlich zu einer Schönheit. Kokett setzte sie ihre weiblichen Formen in Szene und lauschte scheinbar entrückt den Erzählungen eines flotten jungen Medizinstudenten, den Georg Mayer mitgebracht hatte und den er als Josef Steinbacher vorstellte. Steinbacher stand kurz vor dem Staatsexamen und sollte demnächst in die Naturheilanstalt Brunnthal eintreten. Er hatte nur Augen für Julia.

„Das war damals knapp vor Torschluss", sagte Georg Mayer. „Sie waren schon zur Hälfte tot, als Sie nach Brunnthal kamen."

Vanoni unterhielt sich nur zu gerne über seine Lebensgeschichte. Es gab kaum einen Menschen, der in seinem Leben so oft sein Tätigkeitsfeld gewechselt hatte wie er.

„Von Haus aus bin ich Buchhändler. Nach dem Studium und der Lehre habe ich mich in vielen Städten und auf vielen Reisen auch im Ausland umgesehen und die wissenschaftlichen Kulturzweige studiert. Dann habe ich in meiner Vaterstadt Augsburg eine Zeitung gegründet, das Tagblatt. Aus reiner Sympathie habe ich mich mit Worten und Taten für die unglücklichen polnischen Flüchtlinge eingesetzt, die 1831 massenhaft durch Bayern zogen. Das hat die Zahl meiner politischen Feinde stark vermehrt. Die waren in der Wahl ihrer Mittel, mich zu verfolgen, nicht gerade wählerisch. Mit strapaziertem Nervenkostüm und angeschlagener Gesundheit siedelte ich samt meiner lieben Frau und den Kindern nach München über. Ich kaufte das im Niedergang befindliche „Münchner Tagblatt" und übernahm dessen Redaktion. Bald fand dieses ursprünglich kleine Blatt dank der volkstümlichen Berichte allgemeines Wohlgefallen und erfreute sich zunehmender Verbreitung."

„Herr Vanoni", mischte sich Doktor Bucher in die Unterhaltung, „Sie dürfen nicht verhehlen, dass Sie von früher Jugend an kränklich waren. Ihre Erziehung, die kaltes Wasser, frische Luft und leibliche Übungen von Ihnen fern hielt, hat ihr Nervensystem total überreizt."

Vanoni gab dies unumwunden zu. „Ja, ich hatte ein Gefühl geistiger und körperlicher Abspannung, die sich zur Hypochondrie steigerte. Arzneien verschlimmerten noch meinen Zustand. Ich verschlang zu Hunderten medizinische Werke. Doch je mehr ich las, um so klarer wurde mir, dass alles Bemühen vergeblich war. Erst die Schriften des

Professor Oertel weckten mein Vertrauen in die Anwendung des kalten Wassers. Doch noch war es nicht so weit. Erst als ich den halben Tag im Bett zubringen musste, erbarmte sich mein altbewährter Freund, der Militärarzt Lorenz Gleich, und empfahl mich zu Ihnen nach Brunnthal. Und dort traf ich auf meinen Retter, auf Sie, Herr Bleile."

„Sie hatten eine chronische Verschleimung im Unterleib mit der Folge, dass alle Ihre Organe in diesem Bereich erschlafft waren", sagte Joseph Bleile. „Schon nach zwei Wochen war Ihre Gesichtsfarbe wieder normal. Und in Ihren Augen ist der Glanz zurückgekehrt. Nach zwei Monaten waren Sie dann völlig gesund."

Bleile bezwang den in ihm aufsteigenden Stolz. Vanoni war schließlich einer seiner berühmtesten Patienten. Allerdings auch der Anlass für großen Ärger mit der Regierung. Prompt kam Vanoni darauf zu sprechen, es war sein Lieblingsthema.

„Das habe ich einzig und allein Ihnen zu danken, werter Herr Bleile, und bin seitdem voller Vertrauen auf Ihre Kunst in Ihrer Obhut geblieben. Das Delikate an der Sache ist aber, dass ich zuvor auch einen der königlichen Leibärzte konsultiert hatte, der fälschlicherweise bei mir eine Lungenkrankheit diagnostizierte. Über dessen Namen wollen wir besser den Mantel des Schweigens breiten."

Dieser Leibarzt äußerte sich später in Fachkreisen nicht gerade lobend über den Erfolg von Wasserkuren. Deshalb setzte der König auch einen anderen auf den ersten Lehrstuhl für Wasserheilkunde an der Münchner Universität.

Graf von Rechberg erhob sich langsam und mühevoll von seinem Stuhl. Ein schlohweißer Bart umrahmte das seltsam gelb gefärbte faltige Gesicht. Selbst die Augäpfel schimmerten gelb. Seine Hände zitterten so heftig, dass der Inhalt des Glases heftig hin und her schwankte.

„Ich habe unserem König Ludwig stets treu gedient. Ich habe seine Kolonialgeschäfte vor allem in Südostasien voran gebracht und mir dabei die Gesundheit ruiniert." Graf Rechberg lächelte wehmütig.

Anordnung

für die
Kaltwasser-Badanstalt in Thalkirchen bei München,
mit Bemerkung der
Preise für Zimmer, Bettung, Kost ꝛc., so wie für Bäder.

1. In den Monaten Mai, Juni, Juli, August, und September werden für Bewohnung der Zimmer Nr. 1, 4, 8, 11, 13, 16, 21, 24, 25 und 26 wöchentlich **zwei Gulden**, für Nr. 6, 7, 9, 10, 12, 14, 17, 19, 20, 22, 23 und 27 **ein Gulden 30 Kreuzer**, für Nr. 5 **ein Gulden**, und für Nr. 28. **36 Kreuzer** berechnet; in den übrigen Monaten d. i. vom 1. Oktober bis 30. April einschlüssig werden diese Preise **auf die Hälfte** herabgesetzt.
2. Für das Bett berechnet die Anstalt wöchentlich 42 kr.; es wird in jedem Monate einmal überzogen; wünscht der Badgast einen mehrmaligen Wechsel der Bettwäsche, so werden für jedesmaligen Wechsel 12 kr. entrichtet.
3. Bringt der Badgast sein eigenes Bett mit sich, benutzt er also nur den Strohsack, und die Bettlade, so werden hiefür wöchentlich 6 kr. berechnet.
4. Die Berechnung der Woche beginnt mit dem zur Bereithaltung des Zimmers, und der Bettung bestimmten Tage; wird das Zimmer ohne vorhergegangen wöchentlicher Kündung verlassen, so muß für die betreffende ganze Woche bezahlt werden.
5. Die Gesellschaftszimmer, und Hausgänge werden auf Kosten der Anstalt beleuchtet; die Beleuchtung des Wohnzimmers fällt aber dem Badgast zur Last.
6. Dieses ist auch der Fall in Bezug auf die Feuerung — für jedes Feuer im Wohnzimmer werden 6 kr. berechnet.
7. Die Mittagskost, in einer Suppe, Rindfleisch mit Gemüse, einer Mehlspeise, in Fischen, oder einem Ragout, oder einem Braten mit Salat, und einem weißen Kreuzerbrod bestehend, gibt Tafernwirth Halbinger täglich Mittags 12 Uhr, wofür jedesmal 18 kr., will sie aber der Badgast im Gesellschafts- oder Wohnzimmer nehmen, 21 kr. berechnet werden.
8. Ein Mittagsessen mit besonderer Auswahl von Speisen für einzelne Gäste, oder eine Gesellschaft, wird Herr Halbinger auf vorausgegangene Bestellung zur vollen Zufriedenheit bereiten, und möglichst billig berechnen.
9. Die Anstalt selbst gibt Morgens, und Abends, oder sonst auf Verlangen an die verehrlichen Gäste Milch die Maaß zu 6 kr., die halbe Maaß zu 3 kr. und den Schoppen zu 2 kr., dann Brod, Butter, Honig, und Obst nach den laufenden Preisen ab.
10. Für die einfache Bedienung in den Bädern, und Zimmern berechnet die Anstalt jedem Badgast wöchentlich 1 fl. 12 kr.; in Fällen, wo viele Beschäftigung, und Geduld, manchmal auch die gleichzeitige Verwendung mehrerer Diener, oder Dienerinnen nothwendig, kann das Honorar auch verdoppelt werden.
11. Für Reinigung der Kleider, Schuhe, und Stiefel ist ein eigenes, zur sonstigen Bedienung nicht verwendbares Individuum bestellt, wofür wöchentlich 12 kr. berechnet werden.
12. Die Bäder selbst werden, wie folgt, berechnet:
    - Für ein Bad im großen Bassin mit Wäsche 9 kr.
    - Für ein Duschbad mit Wäsche . . . . 9 kr.
    - Für ein Regenbad mit Wäsche . . . . 6 kr.
    - Für ein Sitzbad mit Wäsche . . . . 3 kr.

    Wird mehrere Wäsche verlangt, so werden ferners für ein Leintuch 3 kr. und für ein anderes Tuch 2 kr. berechnet.
13. Mit Abschluß jeder Woche, und zwar am Samstag, erhält jeder Badgast eine spezifizirte Rechnung, welche nach geleisteter Bezahlung auch sogleich quittirt wird.
14. Den dienenden Individuen ist zwar nicht untersagt, für ihren besonderen Fleiß, und ihr gutes Benehmen eine freiwillige besondere Belohnung anzunehmen, es ist ihnen aber aufgetragen, Jedermann mit größter Artigkeit zu begegnen, jedem billigen Wunsche entgegenzukommen, und sich allen besonderen Anforderungen hiefür zu enthalten, weßwegen es der unterzeichnete Eigenthümer dankbar anerkennen wird, wenn er von den verehrlichen Gästen auf vorkommende Gebrechen, und sich erlaubte Unarten aufmerksam gemacht werden will.
15. Der Reinlichkeit wegen, worauf jeder Badgast gleichen Anspruch hat, darf der Wunsch nicht unterdrückt werden, daß die Badezimmer möglichst in ihrem geordneten Zustande erhalten, und vorzüglich Hunde von den Bassin- und Regenbädern entfernt gehalten werden mögen.

Thalkirchen, den 1. Mai 1845.

Joseph Bleile,
Eigenthümer der Kaltwasser-Badanstalt.

Preisliste der Kaltwasseranstalt von 1845

„Ich bekam Malaria. In der schlimmsten Form. Chinin und all das Teufelszeug der eingeborenen Ärzte haben nicht geholfen. Mein guter Freund, Professor Oertel, hat mir zur Wasserkur geraten. Im Auftrag des Königs durfte ich ihn zu Prießnitz begleiten. Seitdem schwöre ich auf die Wasserkur, sie ist die einzige Medizin, die hilft. Ich war es auch, der vom König damit beauftragt wurde, den Bericht des Kollegen Horner über die Gräfenberger Kurmethode kritisch zu hinterfragen. In zwei Stellungnahmen habe ich den Kommissionsbericht weitgehend in Frage gestellt. Zur Freude des Königs, der viel von der Wasserkur hält, und zum Leidwesen seiner Ministerialbeamten, die den Horner favorisierten."

Graf von Rechberg wandte sich mit einer eleganten Verbeugung zu Bleile. Völlige Genugtuung lag in seiner Stimme.

„Unser verehrter Herr Bleile ist ein gleichwertiger Meister seines Fachs, ebenbürtig den berühmten Wasserheilern. Seit ich bei ihm in Behandlung bin, fühle ich mich so wohl, wie es die Umstände erlauben. Gerne habe ich mich deshalb dafür eingesetzt und meinen ganzen Einfluss bei Hofe dafür geltend gemacht, dass die eigenhändige Verordnung des Königs vom Januar des Jahres 1839, ihm die Ausübung der Wasserkur zu erlauben, zum guten Schluss über die Hürden der Bürokratie hinweg in die Tat umgesetzt werden konnte."

Danke, verehrter Rechberg, dachte Bleile. Dank deiner Hilfe habe ich mein Ziel vorerst erreicht. Aber ich werde weiter streiten, bis zum letzten Heller, wenn es sein sollte. Ich will meine Heilkunst ohne ärztliche Aufsicht ausüben! Nur das Wasser heilt. Dazu brauche ich weder Studium noch einen Arzt.

„Genug der Worte", rief Karl Lindinger. „Wir sind schließlich zusammen gekommen, um die Eröffnung der Kaltwasser-Badeanstalt Thalkirchen zu feiern. Glückwünsche und Dank an alle. Und jetzt spielt die Musik."

Eine Tanzkapelle, bestehend aus sechs adretten jungen Männern, hatte mittlerweile ihre Instrumente auf dem Podium aufgebaut.

„Darf ich vorstellen: Die Tanzkapelle Johann Strauß. Der junge Herr Johann wird in zwei Monaten zwanzig Jahre alt. Durch meine Wiener Geschäftsfreunde habe ich seinen Vater kennengelernt, den berühmten Wiener Hofballmusikdirektor Johann Strauß. Sie alle kennen und lieben seine Walzermusik sowie seinen genialen Radetzkymarsch. Der hoffnungsvolle Sohn beabsichtigt in die Fußstapfen des Vaters zu treten, schnuppert zur Zeit unter der Protektion von Freunden durch die gesellschaftlichen Gefilde hier und in München. Er hat Talent. Ich wünsche ihm von Herzen, er möge eine ähnliche Karriere machen wie sein Vater."

Die Musiker erhoben sich. Johann Strauß, mit weißem Rüschenhemd und einem tadellosen Frack bekleidet, machte eine tiefe Verbeugung zum Publikum. Sein volles Haar, das er streng zurück gekämmt trug, fiel ihm in die Stirn.

„Sehr verehrte Gäste", sagte er mit jenem Wiener Charme in seiner einschmeichelnden Stimme, dem die Herzen der anwesenden Damen augenblicklich erlagen. „Wir befinden uns hier an der ungestümen grünen Isar. Aber auch die fließt eines Tages in die schöne blaue Donau!"

Als die ersten Takte der Walzermusik erklangen, eröffnete Josef Bleile mit Theresia den Tanz. Sie hatte diesem geliebten Allgäuer Dickschädel in einer zärtlichen Stunde das heilige Versprechen abgenommen, aus diesem, und nur aus diesem Anlass, wenigstens einmal mit ihr zu tanzen. Sie wusste, ein zweites Mal würde es nicht geben.

Kaltwasserheilanstalt Thalkirchen von Süden

11. Nichts bleibt wie es ist

Das Fest im Wirtshaus „Zum alten Wirt" in Thalkirchen war in den Mittagsstunden dieses heißen Augustsonntags im Jahre 1888 in vollem Gang. Aus einem der Dachfenster wehte im sanften Sommerwind die weiß-blaue Fahne über den Kastanienbäumen des Biergartens. Die Blasmusik schmetterte einen Gassenhauer nach dem anderen, verliebte Paare drehten sich zum Tanz im Kreis und rundum saß fröhliches Volk an den schweren Holztischen. Buben und Mädchen, wie die Großen von Kopf bis Fuß akkurat in bayerische Tracht gekleidet, schleppten mit wichtiger Miene und hochroten Köpfen Bier und Brotzeiten für die stolzen Eltern herbei, die ebenfalls ihr bestes Sonntagsgewand angelegt hatten. Gestandene Mannsbilder stemmten ihre Keferloher und wischten sich den Schaum gekonnt aus den Mundwinkeln. Schweinshaxen brutzelten und saftige Brathendl drehten sich langsam am Spieß. Manch einer, der nur einen schmalen Geldbeutel besaß, drehte heimlich den letzten Pfennig um. Aber es reichte allemal für eine im Fett triefende Schmalznudel und ein Haferl Malzkaffee.

Der allseits geachtete Privatier Josef Bleile begab sich von seiner Wohnung in der Mansarde des Wirtshauses über die Treppe in die kühle Wirtsstube und setzte sich an den Stammtisch. Dort trafen sich an den meisten Sonntagen des Jahres nach dem Gottesdienst die „Großkopferten" des Ortes zu einem gemütlichen Plausch. Bleile fühlte sich allerdings nicht besonders wohl und bereute es schon, nicht in seiner Wohnung geblieben zu sein.

Die übliche kalte Waschung am Morgen hatte ihn nicht erfrischt, die seltsame Abspannung wollte nicht weichen. Und der Appetit fehlte. Das war ein schlechtes Zeichen. Du bist schließlich im sechsundachtzigsten Lebensjahr, sagte er sich. Da sind die Meisten schon unter dem grünen Rasen. Alle, die mir nahe standen. Meine geliebte Theresia, der Sohn mit dreiunddreißig Jahren. Meine zweite Frau, die seelengute Maria.

Das Glück war ihm nicht treu geblieben. Auch das Seidel Rotwein, das er bestellt hatte, schmeckte schal.

Pfarrer Georg Rieger, der als nächster eintraf, hatte seine Sonntagspredigt in der Wallfahrtskirche Maria Einsiedeln beendet. Die Münchner sind zuerst dorthin gepilgert, um eine Reliquie des Kreuzes Christi zu verehren. Und später, eigentlich bis heute, um dem Gnadenbild der Muttergottes ihre Ehre zu erweisen.

Rieger schätzte den reichen Privatier Bleile nicht nur als Mensch, sondern auch als sachverständigen Gesprächspartner, der sich trotz des hohen Alters eine außergewöhnliche geistige Regsamkeit bewahrt hatte.

Bleile war 1874, nach dem Verkauf seiner Heilanstalt, als die zweite Frau und der Sohn aus erster Ehe gestorben waren, in Thalkirchen geblieben. Das elterliche Anwesen im Markt Staufen ging nach dem Tod der Brüder und der Mutter in andere Hände. Der Erlös wurde zum weiteren Ausbau der Kuranstalt verwendet.

Die neuen Besitzer, Sigmund und Katharina Herrmann, hatten das Bad schon ein Jahr später an ihren Sohn, den Kaufmann Eduard Herrmann übergeben. 1881 wurde es von Baumeister Josef Hoenig ersteigert, um 77.000 Mark. Der Arzt Doktor Vitus Stammler erwarb schließlich 1883 für 90.000 Mark das Gebäude, vergrößerte den Hauptbau und eröffnete ein medizinisches Bad. Er hatte die strenge Kaltwasserkur verlassen und sich einem neuen, vielversprechenden Zweig zugewandt, mit der Sebastian Kneipp, Pfarrer im schwäbischen Wörishofen, in jüngster Zeit ungeheures Aufsehen erregte.

Rieger schätzte Bleile auch aus einem anderen, allerdings sehr eigennützigen Grund. Sein Vermögen sollte nach dem Tod der Kirche zufließen mit der schriftlich verbrieften Bestimmung, die Grabstätte auf ewige Zeiten an der Kirchenmauer zu belassen.

Was Pfarrer Rieger nicht ahnen konnte, war die Tatsache, dass der Grabstein für Joseph Bleile schon bestellt war. Alle Namen standen darauf. Steinmetzmeister Schobloch hatte die Inschriften in künstlerisch gestalteter Schrift auf den glatten ovalen Stein gemeißelt, der später in einen

Felsen eingelassen werden sollte. Nagelfluhgestein aus den Bergen der Staufner Heimat.

Es fehlte nur noch der Todestag von Joseph Bleile.

Pfarrer Rieger hatte sich im Laufe seines langen Berufslebens seherische Kenntnisse angeeignet. Der seltsam in weite Ferne gerichtete Blick in Bleiles Augen und seine blasse, durchscheinende Gesichtsfarbe sagte ihm, dass ein Lebenslicht am Erlöschen war. Wie viel Zeit blieb noch?

„Ist es richtig, Herr Bleile, Sie haben diesen Pfarrer von Wörishofen, diesen Wasserdoktor, wie man ihn nennt, vor vielen Jahren persönlich getroffen?", fragte Rieger und zündete sich eine dicke Zigarre an.

Bleiles Blick kehrte zurück. Er fühlte sich sichtlich besser, sobald das Gespräch auf die Wasserkuren kam. Ist es wirklich schon fünfunddreißig Jahre her, seit ich bei Dannheimer in Kempten mein Buch herausgebracht habe, fragte er sich.

„Ja, ich habe Sebastian Kneipp kennengelernt, als er noch ein junger Priester war. Ich erzählte ihm von meiner Wasserkur. Und habe ihn damit wohl ermuntert, den gleichen Weg zu gehen wie ich. Nur, er ist Geistlicher, und als solcher über alle Angriffe erhaben. Ja ich weiß, auch er wurde angezeigt, auch er musste sich einen Arzt gefallen lassen, der ihn beaufsichtigt."

Bleile machte eine Pause. Das Nachdenken machte ihm sichtlich viel Mühe.

„Ich habe noch bis 1873 darum gekämpft, ohne Arzt heilen zu dürfen. Zuletzt habe ich sogar meinen Anwalt bemüht. Aber die Verwaltung schenkte mir kein Gehör. Die Zeiten unseres Königs Ludwig sind lange vorbei. Jetzt ist schon sein Enkel gestorben, Ludwig II. Mord oder Selbstmord im Starnberger See? Man weiß es nicht. Er soll viel Geld verbaut haben. Auch bei uns im Allgäu, Schloss Neuschwanstein. Das wird jetzt alles nutzlos sein, wird untergehen."

„Viele Wasserheilanstalten müssen schließen", sagte Rieger. „Auch in Brunnthal, wo die ärztlichen Vorstände Doktor Steinbacher und Doktor Loh wirken, gibt es Probleme."

„Die Schwiegersöhne des seligen Vanoni", sagte Bleile. „Der flotte Steinbacher hat die hübsche Julia geheiratet. Vanoni war 1850 bei Schroth und hat von ihm die „vollkommenste Befähigung" erhalten. Er hat viel für die Verbreitung der Wasserkuren getan, sie an vielen Orten studiert und in Dresden eine Kuranstalt gegründet, die sich der Schrothschen und Prießnitzschen Heilmethode widmete. Viele Schriften und Aufsätze stammen aus seiner Feder. Er ist 1865 gestorben."

„Und was ist aus Schroth geworden?", fragte Rieger. „Man hört viel Gutes von den Kuranstalten in Niederlindewiese, sie machen überall Reklame."

„In Niederlindewiese übernahm nach dem Tod von Johann Schroth dessen Sohn, der Emanuel, die Leitung der Anstalt. Er ist der zweitälteste und geschickteste der sechs Kinder. Auch ihm wurde ein Arzt zur Seite gestellt. Emanuel hat die Kur seines Vaters gemäß einer Verpflichtung zwar übernommen, aber die, wie er selbst schreibt, primitive Heilmethode seines Vaters geändert. Er hat die Einhüllungen, die Wickel, vereinfacht und die Diät umgestaltet, weil die alte Methode zu sehr den Mut und die Kräfte der Kranken strapazierte. Ihm wären sonst die Patienten weggeblieben. Der Kurwein ist ihm besonders wichtig und er führt einen beachtlichen Weinkeller. Das Gründerhaus musste erweitert werden, eine Villa wurde dazu gebaut. Auch deshalb ist der Besuch in seiner Kuranstalt wesentlich gestiegen und macht bald dem Gräfenberg Konkurrenz. Dort ist übrigens der Schwiegersohn von Prießnitz, Hans Ripper, immer noch erfolgreich tätig."

„Glauben Sie nicht, dass Kneipp allen den Rang ablaufen wird, bei diesem Zufall?", fragte Rieger. Seine Zigarre war kalt geworden, er zündete sie wieder an.

„Wörishofen ist wie eine Wallfahrt, da gehen alle hin", antwortete Bleile. „Und seine Wasserkur ist milde. Er hat viel von den Altmeistern Ferro und Floyer übernommen, wie schon die Gebrüder Hahn damals mit ihrer ersten Schrift. Es ist, wie Dr. Lorenz Gleich sagt, ein Naturheilverfahren mit mehreren Komponenten. Auch ich bin in meiner Wasserheilanstalt zu dieser Erkenntnis gelangt und habe die harten Anwendungen meiner Anfängerzeit verlassen. Kneipp hat jetzt auch ein Buch geschrieben. „Meine Wasserkur". Im letzten Jahr herausgegeben bei Kösel in Kempten. Innerhalb eines Jahres hat es jetzt schon die fünfte Auflage! Kneipp ist schlauer als Prießnitz und Schroth. Die haben beide selbst kein Wort über ihre Kurmethoden geschrieben. Ließen andere schreiben. Kneipp schreibt populär, fürs Volk. Das ist besser als jede Reklame."

„Eine neue Zeit ist angebrochen", sagte Rieger, „und die Welt hat sich verändert. Nichts bleibt, wie es ist. Das Rad dreht sich immer schneller. Die Erfindung der Elektrizität, des Elektromotors. Eine Kutsche fährt ohne Pferde, mit einem Motor, der durch explodierende Gase angetrieben wird. Dieses Jahr sollen wir auch in Thalkirchen elektrische Lampen bekommen, wie man sie in München schon hat. Die neue Welt in Amerika wird sichtbar. Die Freiheitsstatue in New York ist ein Symbol dafür. Die Völker rücken näher zusammen. Für die Weltausstellung nächstes Jahr in Paris bauen sie einen Turm aus Eisen, es soll das höchste Bauwerk der Welt werden."

Mein guter Chirurgus Lau würde staunen, dachte Bleile, wenn er von den Veränderungen allein in der Medizin erfahren würde. Zähne ziehen und Operationen sind schmerzfrei. Rudolf Virchows Erkenntnisse zur Rolle der Körperzellen hat die Jahrtausende alte Säftelehre besiegelt. Alles, woran Generationen von Heilern geglaubt haben. Die Krankheitszustände des Organismus sind auf krankhafte Veränderungen der Körperzellen zurückzuführen, sagt Virchow. Blut, Rotz, gelbe und schwarze Galle und alles andere soll Humbug gewesen sein? Mag sein. Aber die Wasserkur und ihre unvergleichliche Wirkung wird ewig bleiben.

Bleile gab dem Pfarrer ein Zeichen, er möge die Unterhaltung abbrechen. Eine schlimme Müdigkeit hatte ihn ergriffen.

Pfarrer Rieger verabschiedete sich mit besorgtem Gesicht und gab der Haushälterin einen Wink, sie möchte öfter als üblich nach Bleile sehen. Der aber lehnte jegliche Begleitung ab. Man möge ihn in Ruhe lassen. Er würde sich rühren, wenn er etwas brauche. Die Haushälterin, eine resolute Person, dachte sich nichts dabei. Sie war die Allüren und den immer öfter auftretenden Starrsinn des alten Herrn gewohnt.

Dem herrlichen Augusttag folgte eine laue Nacht. Die Musik im Biergarten war verklungen, später auch der Lärm der Gäste. Vereinzelt noch hallte das warme Lachen der Mädchen herüber, die im Arm des Liebsten den Heimweg antraten.

Durch die hoch gewachsenen Bäume der herrlichen Parkanlage, in der die Natur-Heil-Pflege-Anstalt Thalkirchen, wie sie jetzt genannt wurde, gelegen war, schimmerten noch einige Lichter. Ein tröstlicher Ort der Zuflucht für Kranke und Genesende.

Ein Nachtfalter näherte sich mit schwirrenden Flügeln durch das offene Fenster dem sanften Licht der Petroleumlampe in der Wohnstube des Wasserheilers. Ehe er die tödliche Glut erreichte, flackerte die Flamme für einen kurzen Augenblick und verlosch.

Gründung der Kaltwasserheilanstalt Thalkirchen und der Eintritt Thalkirchens in die Medizingeschichte Münchens

Nach vielen Anfeindungen seitens der Ärzteschaft erhielt Bleile im Jahre 1843 von König Ludwig I. von Bayern die Erlaubnis zur Krankenbehandlung und der Errichtung einer Kaltwasserbadeanstalt, „wenn er (Bleile) sich nichts Anderem als nur kaltem Wasser bediene."

Bleile kaufte 1844, mit Unterstützung des Oberhofmeisters Karl Graf von Rechberg und Rothenlöwen sowie des Arztes Joseph Buchner, von den Tischlermeisters-Eheleuten Johann Baptist und Maria Unflad um 5.375 fl (fl = Florin = Gulden; Anm. d. Hrsg.) die Anwesen Isarthalstraße 82 und 84 und ehelichte 1846 Therese Lindinger, Salzstößlertochter aus München (†1856).

Das umgewandelte Kaufobjekt bestand aus Wohnhaus, Waschhaus, Holzlege, Badehütten, Schweinesuhle, Ankleidehütten, Haus- und Gemüsegarten mit englischer Anlage, Kegelbahn und Sommerhaus.

Nun machten sich Josef Bleile und seine Mitstreiter ans Werk, zwar immer noch von Behörden und der etablierten Ärzteschaft gegängelt und misstrauisch beäugt, aber wohl durchaus mit Erfolg.

Dr. Joseph Buchner berichtet 1846, also nur zwei Jahre nach der Gründung, dass bereits namhafte Persönlichkeiten in „Bad Thalkirchen" zu Gast gewesen seien, so aus Lyon und aus Stockholm.

Durchschnittlich drei Wochen dauerte ein Kuraufenthalt. Behandelt wurden in erster Linie Hämorrhoidalleiden, Rheuma sowie neurologische und Magen-Darmerkrankungen - vorrangig mit kaltem Wasser, aber auch mit Diäten und durch viel Bewegung an frischer Luft.

Einschließlich der Heilbehandlung betrug der wöchentliche Zimmerpreis zwischen 17 und 49 fl, der Verpflegungssatz zwischen 15 und 30 fl.

Im Jahre 1874 verkaufte Bleile seine Anstalt an Sigmund und Katharina Herrmann, ein Jahr später übernahm der Kaufmann Eduard Herrmann das Bad und 1881 ersteigerte es Baumeister Josef Hoenig um 77.000 Reichsmark.

1883 kaufte der Arzt Dr. Vitus Stammler die Gebäude um 90.000 Reichsmark, vergrößerte mehrmals den Hauptbau und eröffnete ein medizinisches Bad. Nach Stammler wurde 1901 Dr. Max Scherzberg und danach Dr. Karl Uibleisen Badbesitzer. Nachfolger und Chef des Kursanatoriums war Dr. Kurt Lichtwitz.

Dr. Heinrich Müller senior erwarb das Anwesen 1935. Die neue Klinik begann mit einem Pflegesatz von 3,20 Reichsmark pro Tag - dem Gegenwert von 16 Maß Bier.

1937 entstanden, voneinander getrennt, die internistische Klinik Dr. Müller und die chirurgische Klinik Dr. Rienecker.

In den Kriegswirren bezog die Klinik eine Ausweichunterkunft in Hechendorf am Pilsensee. Nur Tage später standen von der Klinik in Thalkirchen nur noch die Außenmauern. Der Wiederaufbau nach dem Krieg war erst 1955 richtig abgeschlossen. Bad Thalkirchen machte seinem Namen alle Ehre - Gelände und Keller der Klinik waren häufig überschwemmt. Erst mit dem Bau des Sylvensteinspeichers 1960 änderte sich das. Die benachbarten Kliniken Dr. Müller und Dr. Rinecker versorgten anfänglich das südliche München allein.

Patientenzimmer Internistische Klinik Dr. Müller um 1938

Es gab zunächst keine Krankenhäuser in Großhadern, Harlaching und Solln.

1968 war die Internistische Klinik Dr. Müller das erste private Krankenhaus Münchens, das ein flexibles Gastroskop einsetzte. Sonographie, EEG, Nuklearmedizin und Herzkatheterlabor folgten.

1984 kam als Innovation der erste von einer Privatklinik betriebene Computertomograph hinzu, den die Klinik heute mit der chirurgischen Klinik Dr. Rinecker gemeinsam betreibt.

Seit mehr als 77 Jahren ist die Klinik in Familienhand und wird inzwischen in dritter Generation geführt.

Beide Kliniken, die internistische Klinik Dr. Müller und die chirurgische Klinik Dr. Rinecker bestehen bis heute und sind unter den Privatkliniken in München und ganz Europa ein nicht mehr wegzudenkender Faktor und weisen eine einmalige Erfolgsgeschichte auf.

Auszug aus dem Oberbayrischem Archiv (107) Band v. Josef Bogner, München 1982, Verlag Hist. Verein von Oberbayern, Stadtarchiv München
Chronik Internistische Klinik Dr. Müller

Internistische Klinik Dr. Müller heute